广东省教育科学“十三五”规划2017年度中小学教师教育科研能力提升计划项目“基于高效课堂背景下高中物理自主合作探究教学案设计的研究”（2017YQJK217）

高中物理合作学习任务设计

主　编　袁　勇

副主编　冼景连　麦建华

参　编　陈小平　卢建筠　李小锋　谭海兰
郑映凤　周朱武　付　民　肖　涛
裴姗姗　钟生文　包　明　张彩云
梁桂涣　吴岱槟　朱陈琼　陈泽宇

西南交通大学出版社

·成　都·

图书在版编目（CIP）数据

高中物理合作学习任务设计 / 袁勇主编. —成都：西南交通大学出版社，2019.9
ISBN 978-7-5643-7155-5

Ⅰ. ①高… Ⅱ. ①袁… Ⅲ. ①中学物理课－教学研究－高中 Ⅳ. ①G633.72

中国版本图书馆 CIP 数据核字（2019）第 201863 号

Gaozhong Wuli Hezuo Xuexi Renwu Sheji
高中物理合作学习任务设计

主编　袁　勇

责任编辑　罗在伟
助理编辑　赵永铭
封面设计　墨创文化

出版发行　西南交通大学出版社
（四川省成都市金牛区二环路北一段 111 号
西南交通大学创新大厦 21 楼）
发行部电话　028-87600564　028-87600533
邮政编码　610031
网　　址　http://www.xnjdcbs.com
印　　刷　四川森林印务有限责任公司
成品尺寸　170 mm × 230 mm
印　　张　13.25
字　　数　235 千
版　　次　2019 年 9 月第 1 版
印　　次　2019 年 9 月第 1 次
书　　号　ISBN 978-7-5643-7155-5
定　　价　48.00 元

袁勇主编的《高中物理合作学习任务设计》一书，是有关合作学习方式与课堂学科教学实际紧密结合的重要研究成果。为了落实核心素养和关键能力，课堂教学任务越来越向综合性、真实性与协同性发展，合作学习方式将得到普遍运用。不过，有关这方面的本土化有效成果尚不多见。本书结合高中物理学科，重点讨论了合作学习任务设计的性质、要求与基本策略等，参考卡甘合作学习结构法进行了创造性运用。本书不仅对物理教学有重要参考价值，同时对其他学科教师运用合作学习也有借鉴作用。

浙江大学教育学院课程与学习科学系教授

《卡甘合作学习译丛》主编

盛群力

序

袁勇老师自2007年从北师大物理系教育硕士毕业后，怀着教育梦想南下湛江市第二中学任教，一直追求教育创新与改革，每逢寒暑假都要回到母校拜会我，不停地和我探讨当前国际国内教育形势，反复寻找教育研究的方向，终于在2010年开始选定研究合作学习，并到处购买合作学习相关著作，到处拜师求学，做了大量的颇有意义的探索，积累了丰富的研究经验，是我特别看好的一位学生。

《高中物理合作学习任务设计》一书是他和他的研究团队近几年来理论与实践研究的重要成果，首次将卡甘结构法和核心素养目标整合到物理教学中，形成了独具一格的“袁勇合作学习”风格，其研究成果将为国内合作学习和学习共同体的研究与实践提供宝贵的学术资源。书中详细介绍了合作学习的内涵和基本要素，剖析了当前国内应试教育存在的问题，论述了合作学习引入课堂教学的必要性和可行性。基于众多专家的观点和虚假合作学习研究的背景，他创新性地提出理论学习、小组建设、任务设计、评价与评估、小组总结与反思等是开展合作学习必备条件，并做了深入的分析。纵观整本书，感觉并不是谁都能开展好合作学习教学的，合作学习确实是一种技术性较强的教学方式，需要一线老师们不断学习、培训和实践才能掌握这门教育科学技术。

本书充分告诉一线老师怎么选择合作学习内容，怎么设计合作学习任务，构建了合作学习任务设计的基本框架，给一线教师提供了很多任务设计案例。这些案例几乎涉及高中物理的所有内容，不仅有评价性大合作，还有非评价性小合作和基于小组的合作学习案例。每一个案例都分析了合作学习的原因和应该采用的策略，给出了具体的合作学习步骤、评价和总结的方法，并对合作学习中可能遇到的问题做了剖析，见解独到。本书特别便于一线老师理解与应用，是合作学习理论落地高中物理课堂教学的好帮手。

2017年，基于核心素养的新课程标准颁布后，如何使核心素养在高中教学中落地成了当前高中教学的重要任务。新课程改革的主要目的在于改变传统的课程结构和教学方法，而合作学习是适合我国当前发展形势的新型教学方法，是区别于传统教学方式的、基于小组合作的教学形式，其目的是通过合作学习培养学生的合作交流意识与能力，促进学生充分思考问题、相互分享观点、构建模型、推理论证、质疑创新等思维活动的发展，激发学生间探究科学问题的潜能，让学生经历学习的过程，体验学习的乐趣，体会科学态度与责任，培养学习兴趣，便于学生形成物理观念。然而并不是随意组个组，让学生合作学习，学生就会知道合作什么，怎么合作，为什么合作。这本书明确告知一线老师这些问题及其应对策略，能有效指导一线老师快速开展合作学习课堂教学，并让核心素养目标落地物理课堂，能快速促进教师共同体的建设，提升团队的研究、设计与实践能力。

作为一本新课程背景下的高中物理合作学习教学案例的著作，本书在合作学习教学设计的思路分析、合作步骤诸多方面均有特色，反映了作者及其团队深厚的知识功底和教学经验。袁勇老师在北京师范大学获得物理教育硕士学位，又在高中任教多年，他对物理教育有着极大的热情和执着，他的教学不仅受到学生的欢迎，也受到国内同行的关注。本书的出版，必将对在高中物理教学中推动合作学习研究及提高学生的物理学科核心素养等方面起到积极的作用。

罗　莹

2019年夏于北京师范大学

前　言

核心素养引领下的个性化教改拉开了新一轮课改的序幕，合作学习似乎成为历史，其实合作学习在培养学生的核心素养方面独树一帜，是竞争性教育走向个性化教育的必经之路。因此，引入我国 20 多年来的合作学习将真正登上新的舞台。

合作学习从 20 世纪 70 年代在美国兴起，迄今已有近 50 年的历史。美国的斯莱文（Slavin）、约翰逊兄弟（D.W.Johnson & R.T.Johnson）、嘎斯基（R.T.Guskey）、戴维森（Davidson），以色列的莎伦，英国的赖特、梅瓦里克，加拿大的文泽等都开展了卓有成效的研究，对合作学习给出了不同的定义。我国的学者王坦、王红宇、盛群力和马兰等开展了适合我国国情的合作学习理论与实践研究，为我国合作学习的教育教学改革立下了汗马功劳。斯宾塞·卡甘（Spencer Kagan）自 20 世纪 60 年代开始一直致力于合作学习的研究，提出了一个著名的公式：结构 + 内容 = 活动，“结构”是卡甘与其他合作学习理论倡导者的差异所在。目前，在世界范围内最流行的合作学习就是卡甘结构法，但我国只有为数很少的专家和学者接触卡甘合作学习的理论。根据我们团队近四年来深入的研究与实践，我们发现卡甘结构法特别适合于我国大班额下的合作学习课堂教学。

综合各家的观点，合作学习就是大家通过共同工作来促进自己和他人学习效果最大化的一种教学方式。卡甘认为，真正的合作学习要满足以下四项基本要素，即积极互赖，责任到人，公平参与，同时互动。很多学校和老师尽管采用了合作学习模式，但虚假的合作学习小组随处可见。一些学校和老师没有系统地学习过合作学习理论，也没经历过正规的培训，凭感觉把学生分成几组，排坐在一起，做一个导学案，就开展起轰轰烈烈的合作学习，课堂上掌声不断，表面上看似很热闹，实际上组内很多组员“滥竽充数”“搭顺风车”，与真正的合作学习相差甚远。开展真正的合作学习教学需要学习理论，需要培训，需要掌握一些合作学习策略，需要科学建设好合作学习小组，需要精心设计合作学习任务，需要在课堂中不断实践与总结，需要改革评估与评价，也需要教师间的合作等。

合作学习能充分体现教师主导作用与学生主体地位，引导学生主动参与学习过程，打破了传统的"讲授式""满堂灌""填鸭式"等的教育模式。合作学习需要从学生学的角度去设计，以知识为主线，选择合适的合作学习模式，充分地让学生自主合作、探究学习，在课堂上学会知识，会学知识，形成核心素养。合作学习也能有效培养学生的交际能力，有效缓解学生的压力，让学生在做中学，能有效激发学生的创造力，提高学习的效率、效益和效果。在合作学习课堂上，老师讲得较少，给学生更多的机会和平台表现、思考和操作等，学生的能动性与主动性更大，学生不再是被动地听课，而是主动地参与各种学习活动。然而，教师需要在课前做大量工作，主要是因为合作学习教学设计难度较大，国内几乎没有高中物理合作学习的案例，所以很多老师也不知道怎么合作。我们合作学习研究团队就是在这种背景下产生的。

我们的合作学习研究团队是由湛江这块红土地上富有教育情怀、爱好课堂改革的一群高中物理老师组成的，是自发的研究团队，其生命力出乎大家的意料。团队成员为了追梦素质教育，不停地奔波在湛江市五县五区的 20 多所学校，在没有任何参考模板的情况下，用团队智慧研究出了大量的合作学习方法。团队 20 多位核心成员历经四年多深入的研究、探索、实践，在湛江市 14 所中学开展了大量的教科研活动，不断探索合作学习与课程的整合，深入研究大班额背景下的合作学习策略，基本形成了基于卡甘结构法的高中物理合作学习设计与课堂教学风格，经过 6 次大的修改，《高中物理合作学习任务设计》这本书终于有了眉目。本书共有三章。第一章主要是关于合作学习的简介，解析了什么是合作学习、为什么要开展合作学习、目前合作学习开展的情况、怎么开展合作学习、如何建设合作学习小组、合作学习的方法是什么等。第二章是关于合作学习任务设计的概念、目的、策略、评价与总结反思。第三章是合作学习任务设计 39 例，精选了高中物理的部分内容，运用合作学习中常用的目标协同结构法等 27 种不同的方法设计了合作学习任务。每个案例中都写明了合作学习任务、合作原因、合作目标（学业目标、社会技能目标）、合作方法、合作类型、合作时间、合作步骤、教学中应注意的事项等。整个设计简洁明了，一线教师完全可以根据合作学习步骤组织学生完成合作学习任务，达到预期的教学目标。本书也将成为研究合作学习与课程整合的宝贵资料，尤其是为研究和实施高中物理合作学习的老师们提供重要的参考，也为其他学科老师和研究者提供了难能可贵的理论与实践研究经验。

《高中物理合作学习任务设计》既不是我们团队随意开展课改的案例集，也不是经验之谈，而是在大量合作学习理论、金字塔学习理论、学习进阶理论等的基础上，历经四年的艰辛实践，团队频繁研讨、精心斟酌、用心实践、深度反思、反复修改而形成的。我们团队成功地把合作学习的四项基本原理 PIES（积极互赖、责任到人、公平参与和同时互动）整合到合作学习任务设计中，摸索出适合我国大班制教学的 50 多种合作学习策略，设计了高中物理几乎所有教学内容的自主合作探究教学案 260 多个。通过名师的辐射引领，我们在 14 所不同学校之间开展了大量的研讨会、同课异构与专题讲座 100 多场，组建了高效的教师共同体，积累了大量的研究资源，形成了《高中物理合作学习任务设计》一书。

在研究期间，我们也两次拜见了全国知名合作学习研究专家盛群力教授。盛群力教授给了很多建议与指导，对我们的研究与实践给予了高度的肯定，确保我们研究合作学习的路是对的。我的导师北师大物理学系的罗莹教授一直在指导我的研究与实践工作，保证我们物理教育教学的研究有理论与实践的价值。还有深圳大学的张兆芹教授、广州大学的徐芃教授、华南师范大学的张军朋教授、人民教育出版社的彭前程主任、南京金陵中学的物理特级教师朱建廉等 20 多位专家引领，我们的研究方向和方法是不会偏的。正是基于众多理论、专家引领、团队研究与实践，本书才具有其独特的价值。而且我们团队研究的成果在湛江市的红土地上越来越有影响力，现在加入团队研究与实践的物理老师已经有 100 多人，其他学科的老师们也开始加入团队，开展合作学习与其他学科的整合与课改，尤其是陆续有小学老师加入团队。今年已经有 18 所中小学的爱好者参加我们团队的研究与实践，我们也很欣慰，我们的研究成果得到许多老师与专家的认可。

《高中物理合作学习任务设计》一书在编写过程中一定还有许多地方考虑不周，一定还存在很多不足之处，恳请读者批评指正，我们将不胜感激。

袁　勇
2019 年 4 月于湛江市第二中学

目 录

第一章　合作学习简介

随着 2017 年新课改的全面推行，“核心素养”将优化并逐步取代“三维目标”，如何实现核心素养目标是各家争鸣的焦点，而合作学习在培养学生的核心素养方面独树一帜，引入我国 20 多年来的合作学习将会迎来新的契机。人们对合作学习并不陌生，然而对合作学习理论的理解却较为模糊，以下从合作学习的概述、小组建设、方法等方面略做介绍。

一、合作学习概述

（一）什么是合作学习

合作学习从 20 世纪 70 年代在美国兴起，迄今已有近 50 年的历史。美国的斯莱文（Slavin）、约翰逊兄弟（D.W.Johnson & R.T.Johnson）、嘎斯基（R.T.Guskey）、戴维森（Davidson），以色列的莎伦，英国的赖特、梅瓦里克，加拿大的文泽等都开展了卓有成效的研究，对合作学习给出了不同的定义。我国的学者王坦、王红宇、盛群力和马兰等开展了适合我国国情的合作学习理论与实践研究，为我国合作学习的教育教学改革立下了汗马功劳。卡甘（Kagan）自 20 世纪 60 年代开始一直致力于合作学习的研究，提出了一个著名的公式：结构 + 内容 = 活动，“结构”是卡甘与其他合作学习理论倡导者的差异所在。目前在世界范围内最流行的合作学习就是卡甘结构法，但我国只有为数很少的专家和学者接触过卡甘合作学习的理论，根据我们团队两年来的研究与实践，发现卡甘结构法特别适合于我国大班额下的合作学习课堂教学。

综合各家的观点，合作学习就是大家通过共同工作来促进自己和他人学习效果最大化的一种教学方式。卡甘认为，真正的合作学习要满足以下四项基本要素，即积极互赖、责任到人、公平参与、同时互动。[①]

① 牟尚婕，潘鸯鸯，盛群力. 聚焦卡干合作结构法：使合作学习成为课堂常态[J].课程教学研究，2015（3）：4-5.

（二）为什么要开展合作学习

首先，2017年高中物理课程标准提出了核心理念，明确了合作学习的地位和重要性。党的十九大明确提出，要全面贯穿党的教育方针，落实立德树人根本任务，发展素质教育，推进教育公平，培养德智体美全面发展的社会主义建设者和接班人。课程标准提出，普通高中培养的目标是：进一步提升学生的综合素质，着力发展核心素养，使学生具有理想信念和社会责任感，具有科学文化素养和终身学习能力，具有自主发展能力和沟通合作能力；培养学生敢于批判质疑，探索解决问题，勤于动手，善于思考，具有一定的创新精神和实践能力；具有强烈好奇心，积极地学习态度和浓厚的学习兴趣，能够自主学习，独立思考，形成良好的学习习惯和适合自身的学习方法，学会获取、判断和处理信息，具备信息化时代的学习与发展能力；大力推进教学改革，关注学习过程，创设和生活相连的、任务导向的真实情境，促进学生自主、合作和探究地学习，注重对学生学习过程评价，推进信息技术在教学中的合力应用，提高课程实施水平。

其次，合作学习较传统教学具有极大的优越性。合作学习能充分体现教师主导作用与学生主体地位，引导学生主动参与学习过程，打破了传统的“讲授式”“满堂灌”“填鸭式”等教育模式。合作学习主要是从学生学的角度去设计和开展课堂教学活动的，充分让学生自主合作、探究学习，在课堂上学会知识，会学知识，形成核心素养。合作学习也能有效培养学生的交际能力，有效缓冲学生的压力，让学生在做中学，激发学生的创造力，提高学习的效率和效果。合作学习能有效培养学生与人合作的能力、解决冲突的能力，能让学生养成低声交流、认真倾听、尊重他人的习惯，能让全班学生的思维与观点满天飞，每位同学都能分享全班师生的观点和方法。合作学习让课堂成为培养学生物理核心素养的主战场，使学生由“观众”向“演员”转变，让学生学，让学生做，让学生说，让学生辩，让学生合作，让学生探究，使学生不断思考、提问、答疑、合作、交流、操练、表演等。

（三）合作学习开展得怎么样

目前，很多学校开展轰轰烈烈的课改，小组合作学习是课改中普遍采用的模式，有的学校8人一组，有的6人一组，有的4人一组，很少2人配对。一些学校和老师没有系统地学习过合作学习理论，也没经历过正规的培训，凭感觉把学生分成几组，排坐在一起，做一个导学案，就开展起轰轰烈烈的合作学习。大部分教师要求学生课前完成导学案，导学案基本上是以填空题和问答题为主，针对课本的内容进行挖空和设问，很少有开放性、挑战性和拓展性的问题；而且学习内容并没有体现小组合作学习的四要素，组内所有学生学习内容和学习过程都一样，课前学习后在课堂上汇报，小组派一名代表把答案念一遍，全班就鼓掌，相当于把课本内容读了一遍。这样的学习场景表面上看很热闹，实际上组内很多人“滥竽充数”，“搭顺风车”，很多成员会失去学习动力，并出现团体思维、技巧和能力的同质化、小组规模和资源不适宜等现象。这些合作学习小组基本上是虚假的小组，与真正的合作学习小组相差甚远。

（四）怎么开展合作学习

首先，合作学习理论与实践是开展合作学习的前提。没有学习过理论就开展合作学习是一件非常危险的事。其次，合作学习教学设计是科学实施合作学习的重要保证。课堂教学是实施合作学习的主阵地。教学设计是课堂有效教学的前提，是指教学的系统规划及教学方法的选择、安排和确定。[①]教学设计是个精细活儿，是教学成败的重要一环。采用合作学习的模式来开展课堂教学，看起来简单，其实是一种技术含量较高的课堂教学模式，其课堂教学的设计有相当大的难度，不仅仅落实学术目标有难度，而且落实社会技能目标更有挑战性，尤其是设计能体现合作学习基本要素的学习任务更难。这就需要我们精心挑选适合合作学习的任务，仔细斟酌合作学习的策略和活动步骤，认真分析合作学习中存在的教学假设与教学变量，只有这样，才能有效开展合作学习课堂教学。再次，实践与反思是改进教学设计的重要一环。频繁的课堂教学实践和反思能快速提升合作学习教学能力，也能改进教学设计，进一步推进合作学习课堂教学改革，完善合作学习课堂教学。

二、合作学习的小组建设

小组合作学习是以“组”为基本单元，科学地利用教学中动态因素之间的互动促进组内学生与学生之间的知识学习和交流且以团体成绩为评价标准，共同达成教学目标的教学活动。虽然合作学习已经体现了它的先进性和创新性，但很多教师对于合作学习小组的建设并不重视，对于合作学习小组的认识就是由坐在相邻位置的四个同学组成，教师在教学上说一句“这个问

① 伍新春，管琳. 合作学习与课堂教学[M]. 北京：人民教育出版社，2015：265.

题小组合作讨论”，好像此时进行的就是合作学习了……这样的合作小组只能算得上随机小组。在这类合作小组中，小组成员虽互通信息，但大家很难互相帮助与分享，“搭便车”现象时有发生。因此，那些最努力的学生会觉得自己单干可能会更好。如果合作小组中知识水平各有差异的学生之间的和谐相处都存在问题，怎么能期待他们可以同心协力一起学习呢？

真正的合作学习强调在小组内形成良好的人际关系，为学生提供和谐的教育环境。合作学习小组有 5 个重要特征：① 有共同的小组目标，同伴之间荣辱与共，休戚相关；② 达成共同目标人人都有责任，都要尽力；③ 小组面对面共同完成学习任务，通过彼此帮助、分享、解释、鼓励、协同等手段共同取得成功；④ 教给小组成员各种社会交往技能，小组全体成员都要承担一定的职责；⑤ 小组经常分析达标的效能及其成员相处得如何，追求集体的力量。①

（一）合作学习小组分组方法

1. 异质分组、互相协调、各司其职

大量的研究证实了同质小组存在着诸多问题。在同质小组中，学习困难的学习者所取得的进步水平会受到压制。事实上，研究人员还发现，当小组构成比例是一位学习能力强的学生对应两位学习能力相对弱的学生时，他们之间会进行更多的有效交流。

所谓异质分组，是指在传统的课堂教学中，将学生按能力、性别、个性特点、家庭社会背景等混合编组，在小组成员间形成最大限度的差异。②

把全班学生分成异质小组的一个基本方法，是拿着全班学生的名册按照我们认为最重要的因素把学生分布到各个组中。有研究人员按照学生的学习成绩分组，如第一组由成绩最好的学生、成绩最差的学生和两个成绩中等的学生分在一起，第二组则由成绩第 2 名、倒数第 2 名和两个成绩中等的学生组成，依此类推。在此要注意的是，不要使四个同学的性别相同，也不要使某一性别的学生成为小组中单独的一个人，教师要尽可能地把各组中的男女生数据搭配均匀。异质分组是合作学习的基本分组原则。

根据教学任务的不同，合作学习小组的组成还可以有随机小组、自我选择小组、同质小组。随机小组就是由教师随机取 4 名学生组成一个小组，如

---

① 马兰．合作学习[M]．北京：高等教育出版社，2005：17-19.

② [德]埃尔克·德赖尔，卡特琳·哈德尔．合作学习的 99 个小贴士[M]．夏利群，译．上海：华东师范大学出版社，2016：60.

在物理习题教学中，根据题目中的几个小问题（最好分成四个小问题），让异质小组讨论完后，可随机选取班上 4 个不同合作小组中的一名同学，让这 4 名同学上讲台完成习题中的几个小问题，根据完成情况对问题进行评价，所得的分可取平均值加到这 4 名同学所在的合作小组中。自我选择小组即学生自主选择与自己喜欢的同学组成一个组，在进行校本研究时可采用这一方法进行。同质小组即根据某一标准对学生进行分类，如在物理教学中进行切块拼接法时，合作小组成员根据自己的基础选择不同题目，如题目中有 1 到 4 问，此时，教师可让选择 1 号问题的同学聚集在一起交流，让选择 2 号问题的同学聚集在一起交流，依此类推。

合作小组的规模越小，学生就越容易彼此之间进行分享与学习，也容易查明谁在小组中不善于与人合作或不肯与人合作。在大班额实际教学中，最佳规模是四人一组，因为大家可以各抒己见，发挥各有所长的优势，且社交方面的压力可以得到一定的缓解，最终产出高质量的任务成果。

组成后的小组在专家的引领下，选出一名责任心强、交际能力强的同学做组长，用于分配任务，协调关系。这样可以保证组内各成员之间的差异性和互补性，保证组间竞争的合理性、公平性。但也存在的一个问题就是学生选出的组长有时靠的是感觉，并不一定是理性分析的结果。所以建议学生自选的组长要签一份责任书，若没达到相关条件，就要在本组内换人，这样就大大增强了组长的责任感。对于学科教学而言，为了顺利在课堂上完成合作学习任务，科任老师可选择组内该科成绩较好的学生作为学科组长。

在合作学习过程中，组内学生都有一个身份、一项职责。他们分别是组长、观察员、检查员和记录员，每一角色在合作学习小组活动时有着不同的职责。组长要负责问题讨论的全局、发言机会的分配、小组学习进程的协调。观察员则负责观察其他小组同学合作技巧的表现细节（如讨论时声音的控制、提问和应答的礼貌等）。检查员负责修正小组同学的错误。记录员负责向全班同学汇报小组合作学习结果。在完成这节课的教学目标后，这些角色要在下一节课的教学目标到来之前互换。

而不同的学习任务，合作学习小组维持的时间不同，有的可以只持续几分钟乃至一堂课，有的可维持一学期甚至一学年。

2. 合理排座，便于合作学习

在常规的教学班中，很多教室的排列是全体学生面向同一个方向，后排的学生只能看到前排学生的后脑勺。师生之间、生生之间只能进行有限的交流互动。这似乎在向学生传递着这样一个信息，那就是不要相互讲话，眼睛看着老师，只有老师才是你学习的源泉。

这种排座方式无法满足合作学习的要求，它对学生的要求更多地体现在专心致志地听讲，跟随教师的教学进度进行思考。对此，有研究人员提出了咖啡馆模式、宴会厅模式之类的课桌排列方法，但由于国内大多数教室人数众多，空间有限，这两种模式在国内的班级中极难实施；常见的是“左右面对面 4 人模式”（见图 1-2-1），但长时间侧对讲台，学生容易脖子酸痛。

所以在大班额的教学班中,最好的是“前后面对面 4 人模式”(见图 1-2-2 ）排座方法：A 和 B 是平时的配对合作伙伴，当开展四人合作小组学习时，前排的同学转过身来，就可以共同学习了。这种学习小组的划分是将班级行政小组和学科学习小组合二为一，形成“一体化小组”。笔者在教学实践中提出了“T 型台 4 人模式”座法（见图 1-2-3）。为了扩大同学之间的交往面，可以定于每周一令 A 同学顺时针调换座位或 B 同学逆时针调换座位。

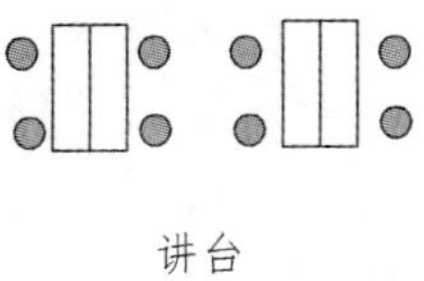

图 1-2-1　左右面对面 4 人模式

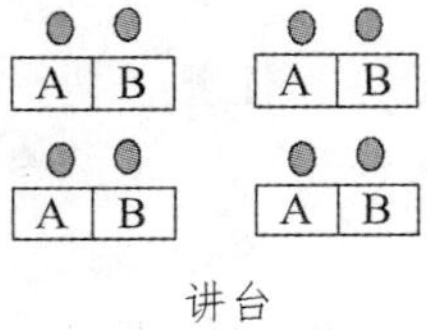

图 1-2-2　前后面对面 4 人模式

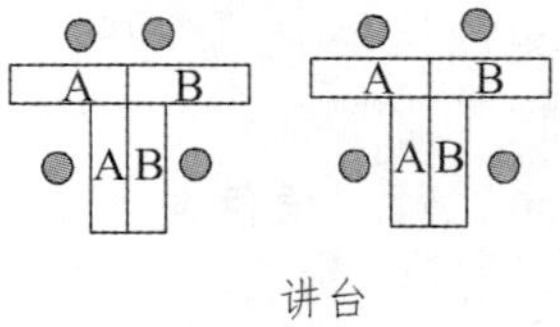

图 1-2-3　T 型台 4 人模式

3. 合作交流，增强集体荣誉感

为了提高小组的凝聚力，不妨尝试以下活动：

① 在小组内提出一个普通的个人问题（如：目前我喜欢听哪种音乐？在假期，我碰到哪些有趣的事？）小组成员围绕该问题交换意见，从而增进对彼此的了解。

② 我最在行的是什么：每个组员就该问题写下有关自己的一个或若干要点。随后把这些信息收集起来，从中发展出小组的名称、徽章、口号等。

③ 每个组员各取一张 A4 纸并在中央写上自己的名字，把纸传给其他组员，后者在纸上写下前者的一个优点，继续传递，直至集齐所有组员的观点。

④ 组内学生相互交流，目的在于与每个组员之间都找到一个共同点（比如喜爱的食物、音乐、颜色、家庭中兄弟姐妹的数目等）。[①]

这些活动绝非浪费时间，当小组在学习初始阶段就花时间去增强组员间的同属感并创造良好的工作氛围时，能够帮助学生进行更有效的合作学习。让学生为自己的小组取名，设计组徽、标记、队旗等标志时对增强小组集体荣誉感有着积极的作用。此外，在小组活动中坚持用组名称呼他们，而并非特意点名表扬或者批评某个学生。

此外，课堂教学中还需要有“合作学习规章制度”（见表 1-2-1），如怎样在小组中请求发言，怎样在小组中寻求帮助等，学生不但应该明白这些规则的含义，还应该尽可能高效地运用这些规则。

表 1-2-1　合作学习规章制度

※别人发言时应认真听，不打断对方的发言。
※支持每一个人参与教学活动，容纳每一种观点和想法。
※我们向他人求助，也给予他人支持。
※我们重视彬彬有礼、得体的交流方式。
※尊重每一个人，不论他的学习成绩是否优秀，也不论他是否是我的小组同伴。
※表达自己的观点前，应提及前一位发言者的发言内容。
※准时参加学习，始终牢记我们有共同的目标

如果这些观点、制度成为学生思想认识的一个组成部分，那么合作小组的形成就是一个水到渠成的事情了。

（二）合作学习小组建设策略

合作学习诸代表人物在合作学习基本概念的阐释上各有特性，在具体的实施的策略上亦主张有别。但在不同的理论和策略中一定蕴涵着相同的教育思想，如从倡导合作学习最具有影响力的合作学习专家斯莱文、卡甘和约翰逊兄弟所主张的基本要素来看，“建立互赖关系，聚焦小组目标；明确个体责任，确保人人参与；掌握社交技能，直面积极互动；鼓励公平参与，实现机会均等”是合作学习不同流派的共同内核，也是合作学习的核心要素。[②]

① [德]埃尔克·德赖尔，卡特琳·哈德尔．合作学习的 99 个小贴士[M]．夏利群，译．上海：华东师范大学出版社，2016：77.

② 马兰，盛群力，等．多彩合作课堂[M]．福州：福建教育出版社，2013：2.

1. 建立小组成员积极的相互依存关系

“众人拾柴火焰高”。一旦形成积极的相互依存关系，学生便会认识到，他们个人的成功与小组其他成员的成功是密不可分的。而当小组任务难度达到了仅靠分割任务后独立工作无法完成时，学生才能真正领悟到这一点。卡甘明确指出，要实现积极互赖，学生就必须回答这样的问题：“我所获得的是否同其他小组同伴所获得的联系在一起，是否必须通过互助合作？”

他说：“积极互赖要求小组同伴荣辱与共，不可能一个独赢。”

在教学中，教师可以给学生不同的学习体验来建立小组成员积极的相互依存关系，确保每位小组成员都能做出独一无二的、有价值的贡献。一个有效的办法就是给每个人分派不同的任务：

在高二上半学期，为了激发学生学习物理的热情，笔者安排了对物理科学家的调查与研究这一活动。首先，笔者在班里展示了高中物理涉及的物理科学家的发现及其贡献，让每一个小组去选择其中一名科学家进行调查，要求小组成员分工合作，有的收集资料，有的制作课件，还有的要进行讲解，还要求各小组把科学家的感人事迹中的个别场景进行表演，并完成分工表格填写（见表 1-2-2）。

表 1-2-2　分工合作表格

组号	物理学家	调查成员	组长	分工	姓名
				搜集资料（1人）	
				制作 PPT（1人）	
				讲解人（1～2人）	
				场景表演（多人）	

因为小组里的每位成员都有着另一个人不具备的信息，所以要想完成任务，他们必须针对发生的事件进行实质性的对话。在小组活动进行的过程中，老师会给出指导性的建议，同时收集评估材料。当然，若想成果汇报变得有趣，可以鼓励各组选择与众不同的汇报形式，如：

◆ 情景表演、采访、讽刺滑稽剧、照片等（触动人的情感，唤醒某种感情）。

◆ 想象之旅、构建学习景观、戏剧（触及多种感觉）。

◆ 脱口秀、知识竞赛、正反方辩论[刺激互动和交流（也包括正反对立的讨论）]。

相互依存关系的建立对于社会也有着不可估量的长远益处。课堂和成人世界的工作场合一样，当所有成员共同寻求解决方案时，切块拼接法既提升了个人的专业技能，也增强了相互依存的联系。

2. 增加学生面对面的互动

学生进行面对面的互动，才有机会在学业和个人发展上为彼此提供帮助。当学生积极地投入并帮助组员学习时，他们也练习了实现有效学习小组所具备的部分技巧。当人与人之间的互助与学业上的互助结合起来时，我们称之为“交互式促进”。虽然老师们也帮助学生学习，但学生小组之间的互动能够深化学生对于自身的理解。比如，我们可以采用速写笔记这一方法培养学生面对面的互动的能力，从而促进思维结构的建立。

这种简短的写作活动，一般持续 1 ~ 5 分钟，却能给学习者时间，让他们整理思路，并在和同学讨论之前形成较为成熟的想法。速写笔记要写哪些内容，相关的问题可以具体到所学的内容，也可以很宽泛。如在让学生小组讨论总结一天或一周所学的知识时，常用的提示性问题如下：

◆ 你今天学到的最有价值的东西是什么？
◆ 今天的课，有什么你不明白的吗？
◆ 你今天是如何自学的？
◆ 当……时，我很为自己骄傲。
◆ 我这个星期的目标是……

如在班会课上，希望同学们针对一些现象，如班上的一些违纪现象制定班规时，可以提示如下：在随后的……时间里，当你听到……时，写下所有你能想到的想法或建议。

在物理课上，教师在开始新单元学习时，可以提示：关于这个话题你都知道哪些内容？在进行习题教学时，可以引导学生思考：当读到……时，我很困惑，因为……

在课前、课上和课后都可以用速写提示的方法。在学习过程中穿插一些简短的笔记，可以让学生保存一系列证据，证明自己思考和学习的过程。当然，同伴讨论、角色扮演与情景模拟也是培养学生面对面互动的一种较好的做法。

3. 明确个人与小组的责任

在高效小组活动中应该建立两个层面的责任制：个人责任制和团队责任制，其意义在于：个人必须为共同的任务做出贡献（比如我是否做了应该做的事，该什么时候做）。同时，全体小组成员也必须对整个任务的完成效果负责（我们是否做了应该做的事，该什么时候做）。

不管合作学习任务的标准有多么严格，持续时间有多久，都要求每位学生清楚地了解并快速进入自己的角色，以保证这个小组完成的任务能够达标。学生还需要知道教师的评定标准是什么，需要从哪个层面收到反馈……卡甘曾给“责任到人”下过这样的定义：“每个人都必须有看得见的行为表现，这种行为表现是全体小组成员所必需的。”这就是说，在小组活动中，每一个人都不应该当观众，至少要让小组同伴看到，在说、写、画等一系列活动中，都参与在其中。

现在我们介绍几种个人与小组责任制的实施方法，以及这一体系如何能够辅助小组活动，确保小组活动对所有成员都行之有效。

（1）个体编号法。

在个体编号法中，学生被分成四人一组，每个个体都有一个编号。老师随后向各小组提出问题，并希望他们通过深度的互相讨论得出答案，小组组长必须保证每个人都能理解答案的由来，因为老师随机挑选的某个人要代表本组对问题进行分析和解释。此外，也可以采用配对交流法，如在高一物理摩擦力的教学中，采用配对交流法提高个人责任意识：

① 教师向全班提出问题：运动的物体一定有滑动摩擦力吗？静止的物体一定没有滑动摩擦力吗？

② A、B 两人组合。两人先独立思考约 2 分钟。

③ A 向 B 阐述自己想法，B 倾听理解并记录。

④ 交换，B 向 A 阐述自己的想法，A 倾听理解并记录。

⑤ 交流结束后，教师抽取 A、B 任意一位同学抽查，抽查的方式是：“对这个问题，你的同桌是怎样说的？”

这种方法对所有实质性信息的学习都很有效，对于复习概念性知识尤其有效。

（2）共同创造成果。

以单一成果为目标的小组在完成任务的过程中很可能出现工作量分配不均的情况：有的成员会多做，有的会少做，有的甚至不做，这样就很容易出现“搭顺风车”的现象。在小组中建立个体责任机制可以有效地避免这些问题。

在高二上半学期期末考试复习时，笔者要求学生画出四个单元的思维导图，给每个小组提供了一张 A3 大纸，并提出以下合作要求：

本组物理专家负责给出每一单元的思维导图框架（对本单元易出的考题类型也要纳入思维导图范围内），安排组员中每人负责一部分（但每一部分完成时需两人帮忙）。

① 配对中的学生 1（思考者）看着第一个部分并进行“出声想”，学生 2 帮助画。

② 角色交换，2 号学生成为思考者，1 号学生成为帮助者。研究第二个问题。

依此类推，讨论完之后，每对学生要相互致谢。每一单元结束后，小组长集合本组全部同学互相检查、反馈与评价（作品见图 1-2-4）。

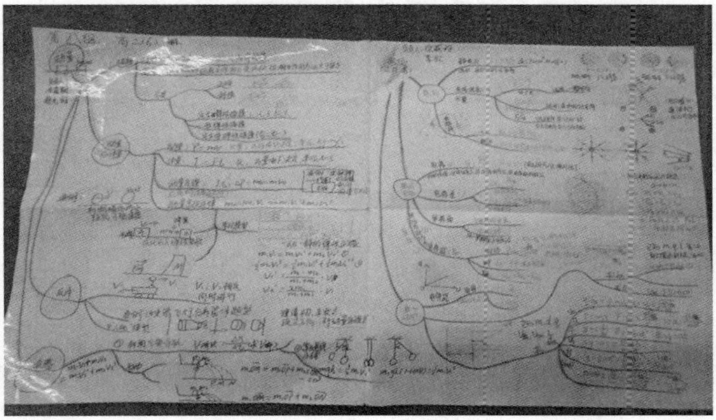

图 1-2-4 学生作品

评价样表（见表 1-2-3）说明：本学期要考核四个单元，每一单元满分 10 分，有知识点错漏一处扣 1 分，色彩分布合理得 3 分，知识点关键词齐全得 3 分，有图形及公式表达得 4 分，有特别出彩的酌情加 1～5 分，要求小组全部成员参与（否则当零分处理），每一单元开头写上每一部分负责同学的名字，负责同学要在相关部分签上名。

各组把学习结果记录在学习的海报上（如思维导图），然后挂到公告栏或黑板上（见图 1-2-5）。像在博物馆参观似的浏览各组海报后，所有学生将对本学期要考的内容获得大致全面的了解。这时的成果汇报若由小组自行决定由谁来介绍团队合作的学习成果，有时会导致不愉快的争论，因为有时因没人自愿承担这项任务，于是最后就指定一个“牺牲者”。其实要让所有成员参与汇报，我们可以采用以下方法：

表 1-2-3　思维导图评价表

<table>
<tr><td colspan="8">高二（　　）思维导图评价表</td></tr>
<tr><td rowspan="2">小组</td><td colspan="4">单元</td><td rowspan="2">评分组号</td><td rowspan="2">评价得分</td><td rowspan="2">评价组签名</td></tr>
<tr><td>动量</td><td>电场</td><td>电路</td><td>磁场</td></tr>
<tr><td rowspan="2">第一组</td><td>得分：</td><td>得分：</td><td>得分：</td><td>得分：</td><td></td><td></td><td></td></tr>
<tr><td>原因：</td><td>原因：</td><td>原因：</td><td>原因：</td><td></td><td></td><td></td></tr>
<tr><td rowspan="2">第二组</td><td>得分：</td><td>得分：</td><td>得分：</td><td>得分：</td><td></td><td></td><td></td></tr>
<tr><td>原因：</td><td>原因：</td><td>原因：</td><td>原因：</td><td></td><td></td><td></td></tr>
<tr><td rowspan="2">第三组</td><td>得分：</td><td>得分：</td><td>得分：</td><td>得分：</td><td></td><td></td><td></td></tr>
<tr><td>原因：</td><td>原因：</td><td>原因：</td><td>原因：</td><td></td><td></td><td></td></tr>
</table>

图 1-2-5　学生展品

◆ 双人汇报：两人一组进行汇报，平等分工，或分为主要汇报人和助理。

◆ 接力汇报：组员在黑板或公告前排成半圆形，依次介绍各自负责的那一部分。在黑板上贴上事先准备好的提示卡片，汇集成一个“完整画面”。

◆ 参观博物馆/画廊漫步：每组各派一名“专家”在本组的“展览作品”前进行解说与介绍。其余学生参观各个“展品”，到了规定时间更换“专家”。

通过制定相关的合作学习要求，让每位学生的贡献对个人、小组和老师来说都是显而易见的。为了确保小组成员更加了解其他组员所写的内容，教师还可以设计出针对合作项目展示的课堂测试，要求小组成员必须把自己负责的那部分的细节教给其他成员，然后对整个小组的测试负起责任。①

① [德]埃尔克·德赖尔，卡特琳·哈德尔．合作学习的 99 个小贴士[M]．夏利群，译．上海：华东师范大学出版社，2016：98.

4. 培养人际与小组沟通技巧

思路清晰，沟通明确，主动倾听，给出反馈和多角度思考对小组的合作学习非常重要。帮助学生获得必要的社交技巧，学会协调复杂世界中纷繁各异的文化、语言和价值观，也是教师的一部分职责。所以在这一部分，我们将根据有关研究人员介绍的几种指导方法，帮助学生在小组互动中学会各种技巧，从明确沟通到彼此倾听并做出回应，再到接受不同的观点，全盘分析，择优而定。

（1）思路清晰、沟通明确。

老师们常常看到学生不知所措，既想要和别人互动，又害怕那样做。所以在向他人讲述自己的想法之前，学生必须有能力组织和打磨自己的想法。而思维导图是帮助学生在向他人展示想法之前整理思路的有效工具。大量的研究表明，思维导图之所以能够帮助学生理解知识，是因为这些图谱为学习者提供了立体视觉架构表象。同时，在学生进行分类整理、评估以明确核心信息的过程中，这些视觉工具通常会要求学生对内容进行思考，还能帮助学生明确信息源中各概念和思想之间的关联。

假设在高一新生入学时，通过思维导图，以“我的介绍”为中心词，引导学生在中心词旁边的线条上写下要介绍的关键词。如你的家乡在哪里；在班级生活中，你喜欢什么，讨厌什么；你擅长的事情有哪些，如手工艺、体育、唱歌、舞蹈；你的格言是什么。通过对思维导图的梳理，学生在介绍时思路清晰了很多。常用的可以帮助学生理清思维的还有维恩图解、网状图、序列图或流程图、表格、十字分类图等，教师有必要让所有的学生都知道如何使用这些图谱，学会自己去选择应用。

（2）发展交际能力。

如果我们打算把学生培养成合作学习中平等对待伙伴的人，就必须及时尽早地培养他们的交际能力。这不可能一蹴而就，但可以经过长期的针对性训练来达到一种能力平衡。在这种情况下有必要制定师生共同遵守的谈话规则。其中包括：

◆ 我们认真倾听对方说话。

◆ 耐心等待对方把话说完，不打断对方发言。

◆ 容纳每一种观点和想法。

◆ 不嘲笑他人。

◆ 我们重视彬彬有礼、得体的交流方式。

◆ 我们向他人求助，也给予他人支持。

◆ 表达自己的观点前，应提及前一位发言者的发言内容。（比如：张三说得没错，……我同意你的建议，但在此基础上还想做下列补充；我不能理解你为什么反对，因为……）

如果学生围坐成马蹄形或围成圈，可以充分锻炼良好的交际能力。在倾听别人发言时，注意力集中，眼睛注视着发言的同学，直到自己获得发言的机会后才发言。①

5. 引导学生总结合作后的学习经验

当谈到构建学生从事高效小组活动的技巧时，至关重要的是让学生在完成任务后有机会思考其从中获得的经验。教师应该定时与学生讨论班级内各小组运作的情况，利用多种手段，如图表、专栏、板报、班会等来加强小组建设并完善其自治能力。小组组长也应花些时间去审视自己做了哪些贡献，以及自己的组员做了哪些贡献；谁对活动的贡献大、谁在哪些地方最值得改进、谁能够经常鼓励别人、有哪些最有助于达成小组目标的措施。②当学生讨论与评价他们之间的互动时，为了实现目标去检查哪些方法有用，哪些没用，并能继续研究将来会做哪些改变的时候，小组的整体性能才能得到提升。

此时自我监控问卷可以帮助小组成员总结经验。

自我监控问卷，有时被称为自我管理，包括制定目标与评估进展，辨别解决问题的技巧和描述促进或阻碍他们学习的行为。自我监控还与从一个情景转换到另一个情景所做出的技巧转换相关联，这也是执行功能的部分内容。

虽然这些监控行为听起来似乎复杂，但是为了适应学生的发展阶段，可以对其进行简化，对于高中生，可以用李克特量表（Liker Scale）来评估他们的进步（见表1-2-4）。③

---

① [德]埃尔克·德赖尔，卡特琳·哈德尔. 合作学习的99个小贴士[M]. 夏利群，译. 上海：华东师范大学出版社，2016：6.

② 马兰，盛群力等. 多彩合作课堂[M]. 福建：福建教育出版社，2013：31.

③ [美]南希·弗雷，道格拉斯·费舍，桑迪·艾佛劳芙. 教师如何提高学生小组合作学习效率[M]. 刘琳红，译. 北京：中国青年出版社，2016：124.

表 1-2-4　李克特量表（Liker Scale）

对于年长的学生
1. 我今天制定了学习目标并且实现了这个目标
（还未实现）1　2　3　4　5（已实现）
2. 每当我知道一个答案或者有一个想法时，我都会和小组成员共享
（还未实现）1　2　3　4　5（已实现）
3. 当我的答案和同伴有异时，我试图搞清楚“为什么”
（还未实现）1　2　3　4　5（已实现）
4. 当同伴搞不懂问题时，我设法帮助他理解
（还未实现）1　2　3　4　5（已实现）
5. 我试图使小组同伴有一种受尊重的感觉
（还未实现）1　2　3　4　5（已实现）
6. 我已经为下一次测验做好了学习计划
（还未实现）1　2　3　4　5（已实现）

在进行总结时，请给学生时间，事先让他们温习学习过程中产生的笔记和评价，在学生给别人反馈前，先让他们评价自己的行为表现和个人的学习成就，对此可提出此类问题：

◆ 在小组学习过程中你越来越擅长什么事？

◆ 你还记得因为自己的好点子帮助小组顺利完成目标的情形吗？

学生的这些自我评价最好能通过一名或多名小组成员的外部评价加以补充。①

通过这些合作学习小组建设策略的实施，可在课堂教学中，从自我调节、心理安全、积极互赖、多方参与、彼此分享等角度出发，创造一个既充满合作精神，又体现竞争意识的学习氛围。当然合作学习小组建设的策略有很多，每个小组的特点、优势都不一样，这就要求教师具有敏锐的观察力，对教纲的知识要求与小组合作学习环节的实施有较强的协作能力，能在课堂中进行有效的合作学习小组建设。而合作学习小组的合理建设，会使得其在教学中改善师生的不平等、不协调处境，从而突出学生的主体地位，符合新课改的教学理念要求，很好地贯彻了新课改的实践和参与的交流学习方式，为学生的自主学习和全面发展奠定了基础。教师要在小组合作学习中，不断总结经验，提高学生的学习能力，通过合作学习小组建设进行优质、高效地小组合作学习活动。

① [德]埃尔克·德赖尔，卡特琳·哈德尔．合作学习的99个小贴士[M]．夏利群，译．上海：华东师范大学出版社，2016：57

三、合作学习的方法

近来，笔者多次观摩了两种不同风格的公开课——传统课堂和合作学习课堂，发现不同风格的课堂反响截然不同。中小学传统教学课堂或多或少存在以下现象：学生排坐着听老师讲课，眼睛看着老师，背对着其他同学；课堂互动局限于教师单方面传递给学生信息和问答式的交流；大多数情况下学生保持沉默，最好的情况也无非是学生做一些教师呈现的练习，而且是单独完成的；在课堂中，教师总是占据知识的权威，学生的学习是被动的。在某种意义上可以说，这样的课堂中，教师是演员，学生则作为观众静静地坐着观看教师表演。而在合作学习课堂中，学生之间椅子对椅子，眼睛看眼睛，膝盖碰膝盖，学生相互分享、相互倾听、相互教、相互学、相互做、相互质疑、相互鼓励、相互评价，教师不再是信息和知识的唯一来源，师生共同学习，学生成了“演员”，教师则是“导演”。这样培养的是学生，师生共同成长，这就是合作学习的目的，通过合作完成任务以达到共赢。

合作学习的开展不是随便就能实施的，需要一定的方法。目前，在世界范围内影响最大的是卡甘结构法。结构法是一种在课堂和各个年级水平上组织社会互动的“不受内容限制”的方法，是由著名的合作学习代表人物美国的斯宾塞·卡甘创立的学习方法。①所谓结构，简单说来，就是教学的策略，它描述了学生如何与教师、教学情境和其他学生互动。结构是一连串无特定内容的、可重复的步骤。这些步骤被用来组织和安排学生间的互动和（或）课程，使之符合基本原则并有效实现特定的学习结果。卡甘合作学习结构法的特征主要有：

（1）内容可自定。当教师学习并掌握了卡甘结构以后，他（她）就可以将其应用于无数活动中，因为卡甘结构本身是不包含任何具体内容的。即同一结构可以加入不同的内容，进而形成不同的活动。因而教师只需掌握结构便可将其运用于不同教学内容和教学目标的实现中，只要使用得当便可屡试不爽。

（2）结果预先设定。卡甘结构与简单的分组合作明显不同，因为卡甘结构强调一连串高度结构化的步骤用以贯彻基本原则，如公平参与、拓展智能

① 靳玉乐．合作学习[M]．成都．四川教育出版社，2005：156-157.

等。让学生合作却不提供结构只能是一厢情愿，因为不运用结构不可能使学生公平参与或发展目标能力。卡甘结构正是通过预先制定目标来确保成功的。

（3）鼓励互动和参与。卡甘结构制定的目的就在于鼓励学生积极参与课堂活动并促进师生和生生间的互动。对此卡甘有句名言“It's all about engagement!”（一切都是为了参与！）。卡甘结构的诸多方法直接针对传统课堂上教师主导、学生被动、师生缺乏互动的满堂灌的弊端，且别具新意，对于调动学生的积极性和鼓励学生参与互动交流起到了很好的作用。

（4）遵守基本原则。卡甘结构之所以能有效发挥作用，原因在于它遵循四项基本原则，即所谓的“PIES”原则：积极互赖（Positive Interdependence）、责任到人（Individual Accountability）、公平参与（Equal Participation）、同时互动（Simultaneous Interaction）。只有满足这四项原则的学习活动才可以称之为合作学习。合作学习具体表现为：①

① 积极互赖。卡甘列举传统课堂、小组学习和合作学习三者的区别方式，阐释其对积极互赖的见解。他说，在 A 课堂（传统课堂），老师面向全班提问“谁能用英语说出商场里几种水果的名称”；在 B 课堂（小组学习），教师让学生在 4 人小组中学习，并说“现在小组讨论结束了，我们来看一看谁能用英语说出商场里几种水果的名称”；在 C 课堂（合作课堂），老师不但要求学生在 4 人小组中讨论，还会要求学生“在小组活动时，我们先两两配对，每人轮流用英语说出商场中水果的名称”。卡甘明确指出，要实现积极互赖，学生就必须回答这样的问题：“我所获得的是否同其他小组同伴所获得的联系在一起，是否必须通过互助合作？”他分析说，积极互赖要求小组同伴荣辱与共，不可能一人独赢。在 A 课堂中，这一点是做不到的，因为许多学生都想吸引教师的注意，都想被指名回答问题。在这样的课堂中，互助合作是稀罕物，帮助他人是对别人的施舍和同情，能否合作靠的是觉悟高低而不是机制保障，个体的学习成就完全靠自己打拼，同伴之间没有彼此支持和协作的需要。在 B 课堂中，学生虽然被捆绑在一起了，但是彼此之间的互动没有精心安排，因此，组内总会有人对学习任务大包大揽，而其他人则作壁上观。在 C 课堂中，情境发生了根本的改变，“两两配对”“轮流说”的具体要求使小组成员必须互助合作，协同努力，轮流表现，没有任何一个人能包揽一切。

---

① 马兰，盛群力. 多彩合作课堂[M]. 福州. 福建教育出版社，2013：4-15

② 责任到人。卡甘认为，“每个人都必须有看得见的行为表现，这种行为表现是全体小组成员所必需的”。这就是说，在小组活动中，每一个人都不应该当观众，每一个人都至少要让小组同伴看到，在说、写、画等一系列活动中，都参与了。

③ 公平参与。卡甘提出，“参与”是学生获得学习成功的不可分割的组成部分，只有公平参与才能保证所有学生都获得成功感。在一个异质学习团队中，不公平的参与会使学生对学习产生抵触情绪。当然，由于每个学生的能力存在差异，所以，我们不能将“公平参与”理解为让每一个学生去做同样的事情，或把同一件事情做到同样的程度。在课堂教学中，卡甘的主张是采用合作结构。他明确提出，公平参与可以通过两种方式来实现，一种是“轮流表现”（比如说、做、写、唱、画等），另一种是任务分工。通过“轮流表现”可以确立一种规则，形成一种规范，即任何一个学生不仅有机会从他人处获得，同时也必须有助于他人。“任务分工”则是指由教师分派（或由学生自己承担）一定的任务角色，以促使学生承担起自己的责任。卡甘尖锐地指出，很多传统的学习小组，既缺乏轮流表现，又缺乏任务分工，所以，其小组活动都是不公平的参与。

④ 同时互动。卡甘认为，同时互动的价值在于它强调最大限度地促进所有学生同时积极参与，为同伴的学习提供一种积极的、促进性的影响；合作不是学生各自翻开书本寻找答案，而是积极地参与讨论，与他人分享、交流观点。

结构的魅力和优势在于它能培养学生在这个相互依赖、快速变革、基于信息的世界中获得成功所必需的技能。与依赖传统的分科课程不同，卡甘合作学习结构法容许教师在关注学术性课程的同时传授 21 世纪所需的额外嵌入式课程。卡甘并非要求用结构替代课程，而是将结构融入课程中。对此，他常说的一句话是：“不要合作学习课堂，而要把合作学习融入每一节课。”经过了数十年的发展，卡甘结构法已逾 200 种。这些结构各具特色且各有自己的作用和适用范围。

卡甘结构法也特别适合我国大班额教学中开展合作学习，我们团队经过四年多的尝试，基本掌握了 50 多种卡甘结构法，同时，我们也根据卡甘结构的基本原理开发了诸如“目标协同结构法”等 20 多种结构法，在大班额应试教育背景下运用良好，效果显著。每一种结构法本身较好理解，但是把结构法整合到课程教学中不是件易事，难度极大，需要精心选择合作学习内容和结构法，需要进行教学的前端分析，需要编排合作学习步骤，需要教学假设与教学变量分析，需要评价与反思等，我们团队就是瞄准了这一挑战，开展了大量的合作学习教学设计，希望能找到各种学习内容所适合的结构法。本书中使用了近 27 种方法，不仅简单介绍了各种方法的来源，也介绍了其作用与使用方法，还提供了具体的案例。老师们和研究者可以方便地使用每一种方法，并能尽快掌握，详情见第三章。

第二章 合作学习的任务设计

合作学习的教学价值是有目共睹的，很多老师对合作学习并不陌生，也很想开展合作学习的教学，但绝大部分老师基本都是虎头蛇尾，半途而废，难以持续开展下去。究其原因，主要障碍不是应试教育和传统教学，而是设计合作学习教学本身有很大挑战性，需要耗时耗力，需要教师绞尽脑汁自己想象、创新、创造。而传统的教学设计是：希望学生尽快接受知识，学案设计目的只不过是将自己想说的结论换成学生的口说出来而已，没有充分认识到学生思维演变过程中对学生能力提高的教育价值，学生合理但不符合科学定论的发言就会受冷落，学生积极思考的热情就会被浇灭。

合作学习教学设计是科学实施合作学习的重要保证。课堂教学是实施合作学习的主阵地。教学设计是课堂有效教学的前提，是指教学的系统规划及教学方法的选择、安排和确定。[①]教学设计是个精细活儿，是教学成败的重要一环。采用合作学习的模式来开展课堂教学，看起来简单，其实是一种技术含量较高的课堂教学模式。其课堂教学的设计有相当大的难度，不仅仅是落实学术目标有难度，而且落实社会技能目标更有挑战性，尤其是设计能体现合作学习基本要素的学习任务更难。这就需要我们精心挑选适合合作学习的任务，仔细斟酌合作学习的策略和活动步骤，认真分析合作学习中存在的教学假设与教学变量，只有这样，才能有效开展合作学习课堂教学。

一、什么是合作学习任务

学生在完成任务的过程中进行合作，什么是“任务”呢？“任务”是另一种当今教育界新兴教学方法——“任务教学法”的核心概念。“任务”的定义范围很广，范围涉及从简单一般的到复杂专有的任务，包括“真实世界”（real world）中的日常任务到课堂里进行的教学任务。许多学者都对任务下过定义，Willis（1996）认为：任务就是活动。学习者以交际为目的，通过使

① 马兰，盛群力．多彩合作课堂[M]．福州．福建教育出版社，2013.

用目标语来达到某个结果（Tasks are always activities where target language is used by the learner for a communicative purpose in order to achieve an outcome）。而 Nunan（1989）更是明确地指出：任务就是在课堂上使用目的语做的一件事。它涉及对语言的理解、操作、运用和学生之间的互动。学生的注意力主要集中在意义的表达上，而不是在形式上（A task is a piece of classroom work which involves the learners in comprehending，manipulating，producing or interpreting in the target language while the attention is particularly focused on meaning rather than form）。这些定义虽然表达各异，但都强调语言学习是在解决交际问题的过程中达到的，都强调交际的真实性和互动性，是真正以学生为主的。①

合作学习任务是指在合作学习过程中能够帮助学习者加强合作意识和能力、提高学习和应用能力的各种任务。在合作学习中，任务的设计是支持教学中学术性目标和合作性目标的均衡达成，同时它也是下一阶段——合作性学习方法和策略具体展开的载体。②首先，合作学习理论与实践是开展合作学习的前提，当然也是合作学习任务设计的前提。既没有学习过理论，也没有实践，就设计合作学习任务并开展合作学习，这是一件非常危险的事。其次，教师在设计合作学习的任务时，应对教学内容和课程标准进行整体分析，从横向与纵向两个维度对合作学习内容进行前端分析。只有这样，教师才能很好地掌控教学，选择好合作学习内容，制定好合作学习策略，设计好合作学习步骤，并在实际教学中达到心中有数、游刃有余的境界。再次，我们还要规划好合作学习任务设计的框架和步骤，形成规范化的合作学习任务。最后，要对合作学习任务设计进行教学假设与教学变量分析，确保合作学习任务的科学性。

二、合作学习任务设计的目的

合作学习是一种全新而有效的学习方式，它一般以小组为基础，系统利用教学动态因素之间的互动，师生在互动中共同达成教学目标。真正的合作学习任务设计有别于传统学习任务设计，它以“合作”作为设计思路的出发点，其目的是：

---

① 孙继红，王焱．语课堂合作学习中的任务设计[J]．成都电子机械高等专科学校学报，2004（9）：75-76.

② 盛群力，郑淑贞．合作学习设计[M]．杭州：浙江教育出版社，2005：58.

（一）达成小组成员间学习的共赢

合作学习就是大家通过共同工作来促进自己和他人学习效果最大化的一种教学方式，所以合作学习任务设计的目的也要促进小组成员之间学习的共赢。共赢不仅仅表现在每位学生都学会知识与技能上，更重要的是通过合作学习使每位学生都能提升，都有比独立学习更大的收获。这种收获不仅仅是知识与技能的收获，更难得的是情感与价值上的收获。

合作学习任务设计要确保小组成员间积极互赖，这可以培养学生的合作精神、集体观念。设计的学习任务对每个成员学习机会是均等的、有价值的，能使大家有认同感、存在感。合作学习任务设计要确保个人责任明确，可以避免冲突，约束偷懒和争抢资源的行为，促使团队和谐发展。合作学习任务设计要达到同时互动，可以使大家有归属感，促进小组成员间的友谊，激发学生的学习兴趣，提高学生主动参与活动的积极性，产生群体效应。

（二）实现高效课堂

高效课堂是针对传统的、低效的、讲授式的和单一的课堂教学提出的，是当前素质教育与应试教育相互竞争的产物，是“高效率、高效益、高效果”的课堂。高效率意味着课堂教学任务完成度高，通常表现为学生对课堂上的教学内容掌握得好且扎实，课堂上的检测通过率高。高效益是指课堂综合效益好，即课堂上学生行为习惯甚至思想都得到了很大的提高和改善，同时激发了学生浓厚的学习兴趣，学生的能力和素质都得到了很大的提高；高效果可视为是预设的教学目标与生成的结果在形式上和内容达到和谐统一。精心设计的合作学习任务可以促进学生经历碰撞不同思维方式、犯错、质疑、反思等学习他人的体验式学习过程，以使知识与技能内化，使学生记忆深刻，学有成效，真正实现高效课堂。①

（三）培养学科核心素养

学科核心素养是学科育人价值的集中体现，是学生通过学科学习而逐步形成的正确价值观念、必备品格和关键能力。物理学科核心素养主要包括“物理观念”“科学思维”“科学探究”“科学态度与责任”四个方面。“物理观念”是从物理学视角形成的关于物质、运动与相互作用、能量等的基本认识；是物理概念和规律等在头脑中的提炼与升华；是从物理学视角解释自然现象和

① 鲁娅. 初中语文高效课堂阅读教学策略研究[D]. 成都：四川师范大学，2014：6-8.

解决实际问题的基础。“物理观念”主要包括物质观念、运动与相互作用观念、能量观念等要素。“科学思维”是从物理学视角对客观事物的本质属性、内在规律及相互关系的认识方式；是基于经验事实建构物理模型的抽象概括过程；是分析综合、推理论证等方法在科学领域的具体运用；是基于事实证据和科学推理对不同观点和结论提出质疑和批判，进行检验和修正，进而提出创造性见解的能力与品格。“科学思维”主要包括模型建构、科学推理、科学论证、质疑创新等要素。“科学探究”是指基于观察和实验提出物理问题、形成猜想和假设、设计实验与制订方案、获取和处理信息、基于证据得出结论并做出解释，以及对科学探究过程和结果进行交流、评估、反思的能力。“科学探究”主要包括问题、证据、解释、交流等要素。“科学态度与责任”是指在认识科学本质，认识科学•技术•社会•环境关系的基础上，逐渐形成的探索自然的内在动力，严谨认真、实事求是和持之以恒的科学态度，以及遵守道德规范，保护环境并推动可持续发展的责任感。科学态度与责任主要包括科学本质、科学态度、社会责任等要素。①

我们在设计中就是以物理核心素养为合作学习的学术性目标，这是我们高中物理合作学习任务设计的根本目标，和传统课堂以及其他高中物理课堂的教学目标一样，只是学习方式不同。所以，在设计合作学习任务时一定不能忘本，每一个活动、每一个步骤都要以实现学科核心素养为目标。

（四）培养合作型人才

通过环环相扣的合作无形中把学生锻炼成了合作型人才。他们博采纵长、相互包容、相互谦让，既要正确、客观地认识自己，还要尊重他人的选择与想法。这样的人才具有的技能正是现代社会中解决实际问题的必需能力。我们的合作学习任务设计以卡甘合作结构法为理论基础，创造与传统学习不同的学习环境。传统的学习设计主要存在两种学习方式，主动与被动，而合作学习任务设计的学习方式是互动。特殊的人员构成在特殊的环境中，通过对学习任务和帮扶制度的执行达成互动。在互动中掌握学习方法、学习技巧及思维方式，无形中也掌握了相应的知识。最终达成全班共赢，形成一个高度凝聚、积极向上的班集体。在这样的合作性小组和合作性班集体中，学生自然而然地成长为合作型人才。

① 中华人民共和国教育部．普通高中物理课程标准：2017 年版[M]．北京：人民教育出版社，2018：4-6.

（五）提供操作性较强的合作学习任务设计案例

每一个学习任务设计都是我们多位一线的任课教师用实践凝结出来的结晶。这些学习任务设计经过反复的修改与讨论，最终修订成册。它可以作为一个鲜活的案例，给其他一线教师提供不可多得的可行范式，为一线老师和研究者尽快掌握合作学习技巧，开展合作学习课堂实践起到推波助澜的作用。

三、合作学习任务设计的思路和框架

（一）合作学习任务设计的思路

整体上来讲，我们是以知识为载体，以体现合作学习基本要素为目标，以培养学生的核心素养为宗旨，精雕细琢，追求创新性高效教学。几年来，我们都是先学习相关理论后才设计合作学习任务，然后进入课堂进行实践，通过观课议课等一系列教科研活动，提出改进意见，进行新的实践、新的研讨、新的改进。很多内容已经经历了十多次大的修改，三次以上大的实践，在不断设计、实践、改进的过程中，我们也提炼了自己的理论体系。可见，我们团队经过高频率合作学习任务设计，已经从虚假的合作学习走向了真正的合作学习教学设计。我们团队开展合作学习任务设计的宏观思路如图 2-3-1 所示。

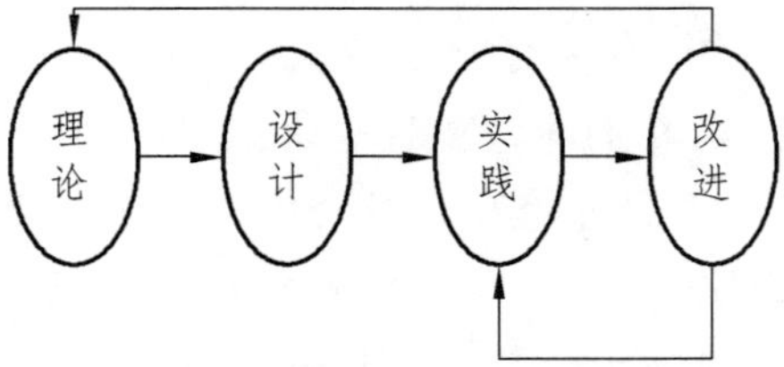

图 2-3-1　合作学习任务设计宏观思路

（二）合作学习任务设计的基本框架

在认真研究合作学习基本原理的基础上，参考盛群力和郑淑珍编著的《合作学习设计》一书，经过反复设计与实践，我们基本上确立了合作学习任务设计的基本框架，如图 2-3-2 所示。我们根据这一框架编写合作学习任务清单，在实际教学中效果良好，老师们能得心应手应用这一框架设计合作学习任务。

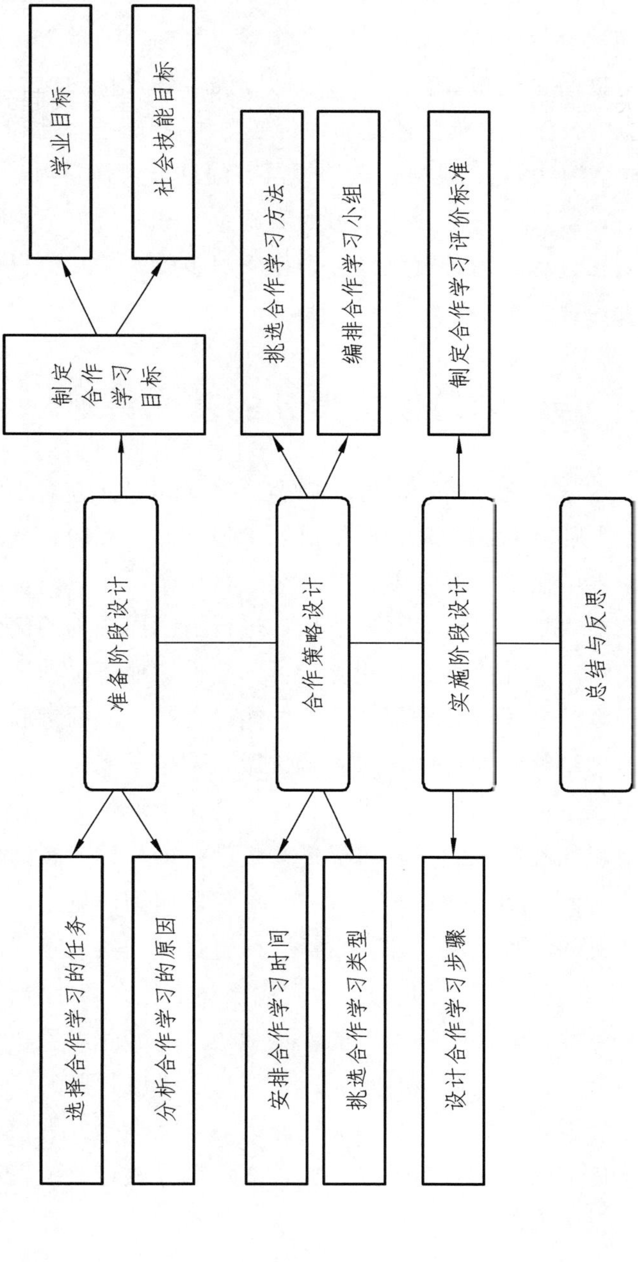

图 2-3-2　合作学习任务设计的基本框架

整个合作学习任务设计分为四个阶段：准备阶段、合作策略设计阶段、实施阶段和总结与反思阶段。其中准备阶段需要精心选择合作学习任务，分析合作学习原因，确保合作学习的合理性、充分性和可行性，然后根据核心素养目标从学业和社会技能两个维度制定合作学习目标。准备工作做好后就开始选择合作学习策略，规划好合作学习时间，确定好合作学习类型（大合作、小合作还是随机合作，评价性还是非评价性等），同时选择合作方法（如成绩分阵法、卡甘结构法等），根据合作学习策略编排好合作学习小组。设计好合作学习策略后，就可以设计合作学习的实施步骤和评价方案，可以依据合作学习内容的认知过程和思维过程设计合作学习步骤，并在值得评价和评估的地方设计评价与评估标准。

四、合作学习任务设计的基本策略

教师在设计合作学习任务时，应考虑周全，确保学习任务对小组每位成员是有价值的。学习任务对学生是否有价值至少包含两个方面：一是通过合作学习，能有效培养学生的核心素养；二是通过合作学习，有效培养学生的合作技能，合作技能表现为认可和互相信任、进行清晰而准确的交流、学会轮流发言和低声交流、彼此接纳和互相支持，并建设性地解决冲突等等。首先，合作学习任务设计要符合合作学习理论，能经得起实践的考验。没有学习和掌握合作学习理论就设计合作学习教学，做一个导学案，在学习任务之前就冠名合作学习，是件特别荒唐的事。其次，合作学习任务设计需要从学生的认知水平、课程标准和核心素养目标进行教学前端分析。教师要深入了解学生的知识结构、元认知水平、学习兴趣、价值取向和学生层次等。课程标准是规定某一学科的课程性质、课程目标、内容目标、实施建议的教学指导性文件,是对学生在经过一段时间的学习后应该知道什么和能做什么（what students should know and be able to do）的界定和表述，实际上反映了国家对学生学习结果的期望。学生发展核心素养，主要指学生应具备的，能够适应终身发展和社会发展需要的必备品格和关键能力。研究学生发展核心素养是落实立德树人根本任务的一项重要举措，也是适应世界教育改革发展趋势、提升我国教育国际竞争力的迫切需要。核心素养是党的教育方针的具体化，是连接宏观教育理念、培养目标与具体教育教学实践的中间环节。党的教育方针通过核心素养这一桥梁，可以转化为教育教学实践可用的、教育工作者易于理解的具体要求，明确学生应具备的必备品格和关键能力，从综合层面深入回答"立什么德、树什么人"的根本问题，引领课程改革和育人模式变革。作为学习的一部分，合作学习的实施当然要符合国家课程标准，合作学习的任务设计目标当然要培养学生的核心素养。再次，在合作学习理论与实践研究，选择好合作学习内容，认真进行教学前端分析，采用合适的合作方法，精心设计好合作学习步骤。这一过程对教师的水平要求很高，一般老师难以做到。而且，高中物理合作学习任务的设计教学案特别少，几乎没有可供参考的，这就需要教师团队的智慧，创新性设计，有时完全是靠自己想象来设计。最后，设计好合作学习任务的步骤后，要进行一个教学假设和教学变量分析，以确保合作学习任务的可行性和科学性。

（一）加强合作学习的理论与实践研究

理论与实践研究是科学设计合作学习任务的前提。大部分老师认为合作学习不就是把几个人编排在一起，编写一份导学案，课前让学生独立学习，然后在课堂上坐在一起讨论交流，找个代表陈述观点，全班师生互动，还用学什么合作学习理论。老师们在重要场合下一般都会使用小组合作学习，教学效果表面上看着很热闹，很容易赢得同行肯定与赞誉，然而他们并不知道合作学习的理论精髓，这种合作学习易导致虚假的合作学习，失败的可能性极大。

合作不是让学生坐在一起互相交谈，却各自完成各自的任务；合作不是给小组每位同学布置相同的任务，而只派一个代表汇报他本人的结果；合作不是给小组布置一份任务，而只有某个好学生完成来替代小组的合作成果；合作不是组内几个人完成任务而其他人坐享其成；合作不是让学生在教师的指导下去单独完成一个任务，然后让完成快的学生去指导帮助做得慢的同学；合作也不仅仅是与其他同学在位置上的靠近、与其他同学讨论材料、帮助其他同学分析材料、在同学间分享材料；等等。尽管这每一样在合作学习中都很重要，但它们仍然不是合作学习。[①]

科学合理的合作学习任务是顺利开展每一个合作活动的保证，设计好合

---

① 约翰逊，史密斯．合作性学习的原理与技巧[M]．刘春红，孙海法，译．北京：机械工业出版社，2004：77.

作学习任务是整个教学成功的关键。合作学习任务的设计必须要建立在合作学习理论基础之上，要体现合作学习的基本要素，要落实教学目标，解决学生的认知问题，纠正学生的错误思维与不良学习行为。

实践是检验合作学习任务设计科学性的必经之路，只有时间检验过的合作学习才能推广。因此，设计完合作学习任务后，教师应该采用观课议课的形式进行实践检验，进行修改。

1. 合作学习任务设计必备的六个基本要素[①]

（1）使小组成员积极互赖。

建立积极互赖的关系包括三个步骤：第一步是给小组分配一个明确的、可测量的任务。第二步是组织积极的目标互赖。小组成员知道除非小组中其他所有成员都成功了，否则他们就不能成功。第三步是给积极的目标互赖补充其他类型的积极互赖，如积极的庆祝/奖励互赖、积极的资源互赖、积极的角色互赖、积极的身份互赖、积极的环境互赖、积极的任务互赖等。

（2）要凸显个体责任或个体义务。

个体责任是小组成员意识到不能搭别人的便车。具体有以下一些策略：① 分组时，小组规模越小，个体责任越强；② 对每个学生进行测验；③ 随机进行口头检查；④ 观察并记录每个成员对小组学习所做的贡献大小；⑤ 每个小组分配一名学生担任检察员的角色；⑥ 让学生把他们学习到的东西教给其他人。

（3）要使小组成员平等参与。

平等参与表现在以下一些策略：① 每位学生的学习目标是平等的；② 每位学生享受的学习资源和平台是平等的；③ 每位学生参与的活动或经历的学习过程是平等的；④ 每位学生的合作角色是平等的。

（4）建立面对面的促进性互动。

基本做法是：第一步是计划小组见面的时机；第二步是强调需要成员共同学习来达到小组成员间的促进性互动；第三步是鼓励小组成员间的促进性互动。

（5）训练人际与小组技能。

教师要不断教给小组成员在与他人有效工作时所需的人际交往技能。成

---

① 约翰逊．合作学习[M]．伍新春，郑秋，张洁，译．北京：北京师范大学出版社，2004：85-99.

员的人际交往技能越好，他们学习的质量越高、数量越多。在合作中，为了协调各种努力以达到共同的目标，学生必须彼此认可和互相信任、进行清晰而准确的交流、彼此接纳和互相支持，并建设性地解决冲突。

（6）指导小组进行总结与反思。

为了持续提高合作学习的任务和小组工作的质量，可遵循以下五个步骤：第一步是在小组成员的工作最有利于彼此学习时，评估他们之间互动的质量；第二步是给每个学习小组提供反馈；第三步是让小组设定如何提高他们小组效能的目标；第四步是反思全班运作的效能如何；第五步是举行小组和全班的庆祝活动。

2. 设计合作学习任务时，要避免“虚假”的合作学习

虚假的合作学习小组就是把一些成员分配到一个小组学习，但他们对学习任务并不感兴趣，他们虽然集合在一起，但并不想共同工作，也不想帮助别人成功，甚至小组成员常常阻碍或者干涉彼此的学习，不能进行有效的沟通与协调，经常四处游荡，老想不劳而获，搭便车，经常误导对方以至于相互干扰。此时，小组间的互动对个体没有表现出任何的好处，反而削弱了个体的学习。结果是小组的总和反而小于个人的潜能，这样的小组还不成熟，因为小组成员之间没有共同目标，也没有任何承诺，对于小组的将来也漠不关心。①

3. “卡甘结构法”能促成大班额合作学习的顺利开展

“卡甘合作学习”对成千上万个教师的课堂教学产生了革命性的影响，卡甘提出了一个著名的公式：结构 + 内容 = 活动。“结构”是卡甘与其他合作学习理论倡导者的差异所在，简单地说，结构是一种教学策略，用以规定学生与教师、学生与教学内容、学生与学生之间如何发生互动。教师只要将特定的学科教学内容镶嵌到合作结构中去，就能创造出一个个新的活动来。以“结构”作为合作学习的最小单位，教师不仅可以将合作学习灵活运用到日常教学中，同时利用结构法，还可以帮助学生练习和掌握众多的学习技能，如培养思维能力、与他人分享信息的能力等。“互动”（尤其是同时互动）是结构法的显著特征，卡甘认为，所有的结构互动学习法都是精心设计的，用以体

① 约翰逊. 合作学习[M]. 伍新春，郑秋，张洁，译. 北京：北京师范大学出版社，2004：85-99.

现合作学习的四项基本原理即是“PIES”。其中，“P”指积极互赖（Positive interdependence），“I”指责任到人（Individual accountability），“E”指公平参与（Equal participation），“S”指同时互动（Simultaneous interaction）。[①]

卡甘结构法不仅适用于小班制，也适用于大班额制，只要把教学内容结构化，灵活采用同桌配对、前后配对、基组、临时编组等都可以完成合作学习任务，要求学生按合作学习步骤完成合作任务即可。我们在三年多实践中尝到了卡甘结构法的魅力，卡甘结构法特别适合于我国大班额下的合作学习课堂教学。但是，要采用卡甘结构法开展合作学习并不是件易事，最大的挑战是合作学习任务的教学设计。并不是所有开展合作学习教学的老师都能设计好任务清单，需要不断地学习深奥的合作学习理论，需要不断地实践与研究。

4. 学习进阶理论和金字塔学习理论为合作学习任务的设计添砖加瓦

学习进阶是对学生在一个时间跨度内学习和探究某一主题时依次进阶、逐级深化的思维方式的描述。[②]在目标协同结构法和切块拼接法中，小组内1～4号同学自主学习、完成合作学习任务、评价与评估合作学习都要求逐级提升。每一号同学通过自主学习、专家组合作学习、基组内互教互学和师生互动等一系列活动，先独立掌握了自己负责的那一号问题后，在此基础上就可以掌握其他号问题，这样可依次解决1～4号问题。这就是利用学习进阶理论结构化设计合作学习任务的，能使学生思维逐级提升。

根据学习金字塔理论可知，参与学习两周后，听讲只能保留所学知识的5%，马上应用或教别人则可保留 90%。[③]在合作学习中可以大张旗鼓地实施马上应用、互相教授的教学策略，组内同学轮流把所学到的知识教给其他成员，从而一次性地学会了核心知识，掌握了核心方法，经历了科学思维过程，形成了关于力与运动的物理观念，培养了学生的科学态度与责任。

在三年多的实践中，这种基于学习进阶和学习金字塔理论结构化设计合作学习任务的做法得到团队很多老师的认同，其教学效果显著，能很好地体现合作学习的基本要素，能使全班学生学习达到最优化。

---

① 牟尚婕，潘鸯鸯，盛群力. 聚焦卡甘合作结构法：使合作学习成为课堂常态[J]. 课程教学研究，2015（3）：4-5.

② 郭玉英，姚建欣. 基于核心素养学习进阶的科学教学设计[J]. 课程·教材·教法，2016（11）：64-69.

③ 中华人民共和国教育部. 普通高中物理课程标准（2017年版）[M]. 北京：人民教育出版社，2018.

5. 培养学生的核心素养是合作学习任务设计的主线

物理核心素养是学生在接受物理教育过程中逐步形成的适应个人终身发展和社会发展需要的必备品格和关键能力，是学生通过物理学习内化的带有物理学科特性的品质，是学生核心素养的关键成分，主要由“物理观念”“科学思维”“科学探究”“科学态度与责任”等四个方面的要素构成。在每个维度中又划分为水平一到水平五等五个等级。

物理观念是从物理学视角形成关于物质、运动、相互作用和能量等的基本认识，是物理概念和规律等在头脑中的提炼与升华，是从物理学视角解释自然现象和解决实际问题的基础，主要包括物质观念、运动与相互作用观念、能量观念等要素。

科学思维是从物理学视角对客观事物的本质属性、内在规律及相互关系的认识方式，是基于物理事实建构物理模型的抽象概括过程，是分析综合、推理论证等方法在科学领域的具体应用，是基于事实证据与科学推理对不同观点和结论提出质疑和批判，进行检验和修正，进而提出创造性见解的能力与品格，主要包含模型建构、科学推理、科学论证、质疑创新等要素。

科学探究是指基于观察与实验提出物理问题、形成猜想与假设、设计实验和制定方案、获取和处理信息、基于证据得出结论并解释，以及对科学探究过程做出交流、评估和反思的能力，主要包括问题、证据、解释、交流等要素。

科学态度与责任是指在认识科学本质，认识科学·技术·社会·环境关系的基础上，逐渐形成探索自然的内在动力，严谨认真、实事求是和持之以恒的科学态度，以及遵守道德规范、保护环境并推动可持续发展的责任感。主要包含科学本质、科学态度、社会责任等要素。[①]

课堂教学是落实学科核心素养的主阵地，这就要求我们设计教学时主要从培养学生物理核心素养角度来考量，教学的目标当然是培养学生的核心素养。任何一节课的教学目标的确立都离不开核心素养的几个维度，在设计“用牛顿运动定律解决问题”这节课时，就是采用最新的物理核心素养基本理论，主要从物理观念、科学思维、科学态度与责任三个维度来分析并设定教学目标的，如表 2-4-1 所示。

---

① 中华人民共和国教育部．普通高中物理课程标准（2017 年版）[M]．北京：人民教育出版社，2018.

表 2-4-1 “用牛顿运动定律解决问题”课堂教学的前端分析

项目	教学目标	学情分析	合作学习策略
物理观念	1. 深入理解牛顿运动三定律，理清力与运动的基本关系。 2. 准确判断平衡与不平衡问题。 3. 能正确受力分析，进行力的合成与分解。 4. 会用牛顿运动定律解决实际问题。 5. 会使用整体法与隔离法处理叠加体与连接体等问题。	1. 学生学习了牛顿运动三定律，了解了力与运动的关系，但学得稀里糊涂，难以说清楚牛顿三定律产生的背景和作用，难以明辨力与运动的关系。 2. 学生不易找到解决问题的突破口，易混淆平衡与不平衡问题。 3. 学生在受力分析中不认真作力的示意图，缺乏科学性、合理性和直观性，会存在多力、漏力，混淆物体间的相互作用力与平衡力，会认为分力也是受的力，尤其是总认为正压力就是重力等。 4. 学生使用力的合成与力的分解求合力与分力有数学困难。 5. 学生处理多个物体的力与运动是个坎儿，在处理复杂问题时需要方法指导，如整体法与隔离法、临界法、假设法等。	1. 采用课前小组合作学习的形式，先让小组每个成员都建构起力与运动、牛顿运动定律的知识体系，画出知识网络结构图或思维导图，然后组长组织本组成员交流合作，完成小组的知识网络结构图。教师评价和评估后在全班展示，全班分享交流，形成力与运动的基本观念。 2. 采用“目标协同法”，让学生编题、做题、制定评分标准、学生互评、互学、组内互教、全班交流，使学生充分辩论、质疑、应用、思考、学习、消化，掌握知识与技能，体验过程与方法，每个学生可以学到平衡与不平衡问题，可以学到至少 8 种不同的典型问题，同时，能有效解决学生存在的问题，从而让每个同学都获得成就感。
科学思维	1. 构建起力与运动中的水平面、斜面、竖直面、连接体、叠加体和传送带等物理模型。 2. 科学归纳出求解力的平衡和不平衡问题的一般步骤。 3. 让每位同学都合理质疑、提出科学问题，寻求科学证据，解决实际问题，并解释与交流问题。	1. 学生对水平面模型较为熟悉，但遇到斜面、叠加体、连接体和传送带等问题就知难而退。 2. 学生能很好地归纳出求解平衡与不平衡问题的规律或方法，但使用方法解决多变而复杂的问题与模型时就容易知难而退。 3. 学生在选择模型、设计情景、提出问题等方面的能力较弱。 4. 很多学生在解释与交流时存在条理不清，语言不够直接明了，关注其他学生较少等问题。	1. 要求小组内四位同学分别用四个模型出题，使其深入思考、选择、掌握各种不同模型。 2. 组内、组间进行交流，确保每个同学接触不同的模型和题型，使归纳和总结具有普遍性。 3. 全班交流，思维碰撞，反复练习、思考、体验，从而掌握大量模型、题型、规律和方法。 4. 在教学中反复教授、强调合作技能。

续表

项目	教学目标	学情分析	合作学习策略
科学态度与责任	1. 从众多实例中获得平衡与不平衡的科学本质。 2. 杜绝学生凭空想象、凭感觉解决问题的不良现象。 3. 培养学生社会交际能力，社会责任感，使其具备集体观念。	1. 学生极易对问题简单化处理，简单化思考，经常性凭空想象，凭感觉提出问题、解决问题、承认问题。 2. 在合作学习中部分学生喜欢安静、喜欢听课，不习惯开放式学习环境，不和其他同学合作交流，缺乏集体观念和社会责任感，总喜欢自己做自己的。	1. 通过师生合作、审核、评议、评分、汇报等一系列合作活动频繁暴露学生的问题，及时分析原因，指出学生应该注意的地方。 2. 对不合作的学生要耐心鼓励，反复强调合作学习的益处，并适当给予帮助。

备注：本节课不具备科学探究的素材，所以没有设置培养学生科学探究能力的目标。

6. 实践研究是提升合作学习任务设计能力的最佳途径

只有理论基础还不够，还需要有实践研究和经验。我们从 2015 年 12 月以来不断设计，不断实践，不断反思，不断展开观课议课教研活动，不断撰写教学反思，及时修改教学设计和合作学习任务设计。两年来，我们开展过近百次教科研活动，其中大型的教科研活动五十多次。我们走进了湛江市二十多所学校，听了六十多场教育类相关的讲座，拜会了二十多位知名教授。我们一直在研究合作学习任务设计的最佳方案。我们的研究团队由最初的两人发展到今天的五十多人，掌握合作学习技巧并能设计合作学习任务的老师多达三十位。我们一般情况下不在学校科组或备课组内推行我们的课改，一般是谁特别喜欢合作学习，谁掌握了合作学习，谁就可以加入我们的行列。我们合作学习研究团队的教学实践研究在湛江市已经产生了一定的影响力，是与团队的倾力投入、燃情参与分不开的。我们几乎每个周末都小范围相聚在合作教学的大本营——湛江二中物理办公室或实验室，大家从赤坎、霞山、开发区、遂溪、廉江等地来到湛江二中，激情交流，认真研讨，精心总结，相互碰撞，火花四射。我们从四面八方去不同的学校听课，除了享受课堂的精彩，也深入地交流教学心得。

（1）燃烧的课堂，激发了团队每一位成员的设计与实践热情。

合作教学团队的影响力最集中就表现在课堂的精彩和兴奋。团队成员一开始只是采取了美国学者约翰逊的合作教学理念，注重学生之间的合作交流，课堂也是比较热闹，学生积极，但是没有深度学习，考试效果也不好。进入第二阶段后，大家开始学习美国卡甘教授的合作教学思想，逐渐掌握了卡甘结构法在课堂上的运用技巧，结果学习任务的责任具体化了，学生积极性空前高涨，加之又不断改进了小组的建设，每个小组不但由 1、2、3、4 四个不同水平的学生组成，而且每个小组有自己独特的名字和口号，还要做成台牌，放置在桌子上面。这样的话，学生之间既有分工，又有合作：分工是因为各自的任务不一样，合作则体现在自己的学习任务完成后要给同组成员讲解，自己有义务去教会其他组员。这里体现了一个教育原理：教别人学会是效果最好的学习方式。陶行知先生创立的“小先生制”复活了，古老的教学相长原则重新焕发出光彩了。除了小组内部的分工合作，还有小组之间的竞争与合作，自己在完成学习任务后，会与全班其他小组的同一个编号的同学一起交流学习感想。另外，小组成员的表现会被打分评价，这样就有了竞争的成分。分工，合作，竞争，帮助，自学，交流，都融合在一起了。大家既积极主动学习，又相互依赖，团队合作，这样就形成了一个兴奋学习的课堂。我们在廉江一中听了冼老师一节非常精彩的高中物理课，下课后，学生兴奋得久久不愿离开教室，继续站在那里交流，而袁老师灵机一动，开始了现场采访，几个学生侃侃而谈。

想起了一句话：学习恰如牛吃草，然而，教学也可以比喻为喂牛吃草。被喂食的时候，牛当然是没有自由的，被束缚的，没有选择的，也没有快乐的。而牛一旦到了草地上，自己就可以自由快乐地按着自己的节奏和喜恶来品味享用美食。合作教学课堂之所以涌现精彩，是因为我们放权给学生了，以此解放了课堂，让学生自由学习。

（2）兴奋的学生，激发了每一位成员的设计与实践激情。

学生学习动力下降是一个普遍性的问题。学生甚至感觉人生的无聊。也许，这是智能化时代人们被无力感所吞噬；也许，这是商业化世界中人们的存在感被隔离了。教育者面对如此现实，难道不能有所作为吗？我们认为，还是要通过探索，让教育回家，回到原初的教育家园。具体怎么办呢？就是要进行教育变革，探索学习之道，贴近教育现实，给予学生主动学习的机会，要让学生在课堂上出彩。通过大家的努力，我们看到了学生们的兴奋，看到了学生们眼睛里闪耀的光芒，看到了对合作教学课堂的恋恋不舍，也让我们感受到了教育的希望，也许并不那么遥远。恰如古人的话，道不远人。本来一般说来，物理课堂是冷静、逻辑和艰难的代名词。但是，在合作教学课堂上，学生们激情澎湃，争先恐后，积极学习，主动发言，而且要争取与众不同，因为要有特别的成就，才能有不错的分数，才能让老师欣赏，才能让同学满意，才能让小组成员肯定，也才能让自己满意。基本的原因是，合作教学五要素——积极互赖、平等参与、个人责任、小组技能和小组反思与总结得到了切实执行。这样的课堂，学生们岂能无动于衷？岂能不体验像过山车一样的学习经历？大家岂能不是收获满满神采飞扬久久难忘？岂能不在热切期待下次的精彩再现？

（3）激扬的教师，鼓舞了每一位成员的设计与实践信心。

应该说，中学教师的工作一般都很忙，教学任务多，备课、上课和批改作业，有些还有月考、周考，有的老师还兼任班主任，更不用说其他的临时性工作了。而且，从事教学研究也是有一定风险的，因为毕竟教学活动也有多年来形成的一个工作常规。而要研究，就要改变，就可能与众不同。采用合作学习，考试成绩会提高吗？如果不能提高，为什么要做呢？为什么不知道多一事不如少一事的道理呢？

然而，合作教学研究团队的成员们却反其道而行之，宁愿多一事而不愿少一事。我们在团队核心袁勇老师的带领下，全力以赴，深入学习约翰逊和卡甘教授的合作教学理论，相互支持备课，反复研讨修改教学设计，每周都聚会研讨，每天都沟通交流，网上交流更是随时进行，微信群十分活跃。由于老师们所在学校分布零散，所以，听课研讨的成员们经常需要辗转各地，短则几千米，多则往返近 300 km，有时还要过夜。而且，这些都是自费的。经常还要调课，甚至请假，如果遇到不支持的领导，就要忍受冷漠。也有一些老师的家人也不理解，这样一来，真是压力重重。如果学生们不理解，家长们不支持，就更不容易了。但是，我们的团队成员们努力克服困难，抱团取暖，互相支持，乐此不疲。麦老师的小组建立，魅力震撼。冼老师的合作课堂把握，冲击力巨大。遂溪大成中学周朱武老师加入的时间不长，但进步飞速，才一年时间，他的课堂就大为改观，学生的积极性出来了，老师的教育热情和自信出来了，职业倦怠远去了，如此等等。[①]

（二）多维度进行合作学习任务设计的教学前端分析

教学前端分析是科学设计合作学习任务的必备条件。教师在设计合作学习的任务时，应对教学内容和课标进行整体分析，从横向与纵向两个维度对合作学习内容进行前端分析。横向主要从教学目标、学情分析、合作原因与策略三个维度进行分析与设计；纵向主要从核心素养的四个维度（物理观念、科学思维、科学探究、科学态度与责任），通过分析与设计，选择出适合合作学习的内容，制定出合作学习目标，分析清楚合作学习的充分必要原因，选

① 卢建筠．红土地上的教育探索奏鸣曲[J]．课程教学研究，2018（5）：91-96.

择好合作学习的策略，然后进行编组、编号和编排座位，最后是实施合作学习活动。只有这样，教师才能很好地掌控教学的进程，并在实际教学中达到心中有数、游刃有余的境界。表 2-4-1 针对“用牛顿运动定律解决问题”这节课进行了部分前端分析，以核心素养引领教学目标，主要从物理观念、科学思维、科学态度与责任三个维度来分析并设定教学目标，并分析对应的学情及合作原因与策略，供广大读者参考。

（三）精心设计合作学习任务及其步骤

精心设计好合作学习任务与步骤是高效实施合作学习任务的重要保证。我们团队经过几年的深入研究和高频率实践，认为从以下十个维度设计合作学习任务较为合理，并在实践中反复应用和修改，得到大家的认可。下面就以“用牛顿运动定律解决问题”为例，说明合作学习任务设计的基本步骤及其相应的方法，供广大读者参考。

1. 合作学习内容的选择

设计合作学习任务时，首先要选择好合作学习内容，内容选择不好，合作起来就会牵强附会，有名无实。并不是所有的教学内容和知识点的学习都适合合作学习，合作学习的内容要经过教师的精心选择。一般选择学生难以自学、易出现误解和重要知识等材料作为合作与探究的内容，通过讨论与交流，辩论、研究和探究等教学方法让学生充分学习、理解和掌握知识；对于一些有争议的问题，让学生分组讨论与交流，得出正确的结论，根除由于凭感觉而产生的错误认识；对于有较大难度的问题由老师引导学生探究；合作与探究应针对教学中重点和难点设计合作与探究的情景。给学生充足时间进行探究，促进学生充分消化知识，并精选一些好题引导学生应用知识解决问题，达到完全掌握核心知识的目的。切忌“水过地皮湿”的不良教学现象。合作学习的内容应具有一定的探究价值和难度，应该是学生通过自主学习无法完成或完成得不好，而合作学习小组通过相互配合、帮助、讨论、交流能够完成好的任务。同时，学习任务具有可分解的特征，即每个合作成员有明确任务、承担明确责任的学习任务比较适合采用合作学习的方式。学生通过互相学习，取长补短，达到共同提高。要想学生有效地合作学习，必须进行合理的分工。让学生明确合作学习的任务，使他们具有方向感、责任感。每个学习小组应当有明确的小组任务，合作学习小组内部应当根据小组任务进行适当的分工，每个成员承担一定的任务，扮演一定的角色，也就是让小组成员明确自己的个体责任。经过几年的实践研究，我们团队认为从以下几个方面选择合作学习内容较为合适：探究性任务、讨论性任务、交际性任务、辩论性任务、挑战性任务、开放性任务、层次性任务、有争议性任务、目标协同性任务、多样性任务、复杂性任务、归纳总结性任务、一题多解任务等。

在学完牛顿运动定律之后，我们认为“用牛顿运动定律解决问题”这节课内容具有探究性、讨论性、交际性、辩论性、挑战性、开放性、层次性、目标协同性、多样性、复杂性、归纳总结性等特点，很适合设计成合作学习任务。

2. 合作学习原因的分析

合作学习原因的分析能使合作学习理性化、合理化和充分化，使我们的合作学习不至于形式化。我们主要从课程标准、教学内容、学情和教学方法等四个方面进行分析，对每一个物理观念的形成、科学思维、科学探究、科学态度与责任都要深入分析，采用何种教学策略最有效、最高效，最容易达成核心素养目标，最能培养学生的能力。若采用合作学习最有效，就选择并设计成合作学习任务清单。

“用牛顿运动定律解决问题”这节课是在学完高中物理必修 1 整本书之后的一次总结、应用，目的是建构起力与运动的知识体系，应用力与运动知识解决实际问题。学生已经具备了力与运动的一些零散知识与技能，期盼通过这节课能系统地归纳总结、构建清晰的相关知识网络。传统的讲授式能帮学生系统地梳理知识与技能网络，但教学效果较差，学生容易忘掉教师教授的知识与技能。合作学习能有效促进学生查找资料、归纳、总结、建构、思考、提问、质疑、合作、交流、操练、评价与评估等方面学习能力的锻炼与提升。学生在整节课中有说有笑、有动有静、有起有落，甚至可以随意走动和多个同学交流辩论，并充当多种角色（学习者、独立者、合作者、专家、教师、监督员、计时员、记录员等），自始至终不会感觉课堂乏味。编题能很好地培养学生自主学习能力，促使学生网络化思考力与运动的关系及其规律，并构建起清晰的力与运动的知识网络。学生通过同号、异号合作交流能高效地掌握牛顿运动定律及其应用，并能使学生接触到各种模型、题型、解法、多种错误思维。合作学习不仅有效激发每一个学生的学习积极性，培养学生主人翁的学习意识、个人责任意识，促进学生养成善于合作、寻求帮助、接受帮助、发现问题、提出问题和解决问题的好习惯，还能培养学生一些基本的社会交际技能。

3. 合作学习目标的确立

合作学习是教学中的一个学习过程，合作学习目标也是教学目标的一部分而已，主要分为学业目标和合作技能目标。学业目标也称学术性目标，社会技能目标也称为合作性技能目标。学业目标就是我们平时所说的学科认知性目标，主要是形成学生的学科核心素养。社会技能包括：与他人交往的行为，如接受权威、谈话技巧、合作行为；与自我有关的行为，如情感表达、道德行为、对自我的积极态度；与任务有关的行为：参与行为、任务的完成、遵循指导等。在合作学习中就要有意设计任务来培养各种主要的社会技能。事实上，任何一次合作学习都潜移默化地在培养学生的社会技能，这种教育价值是隐形的。下面是“用牛顿运动定律解决问题”这节课具体的合作学习目标，仅供参考。

（1）学业目标（学术目标）。

① 通过课前归纳总结力与运动的知识，建构牛顿运动学知识体系，为解决实际问题建立理论网络化知识体系；② 用常用的水平面、斜面、竖直面和其他模型自主编写关于力的平衡与力的不平衡问题；③ 通过全班互相做题，学题、议题、讲题、教题和评题，熟练掌握牛顿运动定律及其应用；④ 培养学生构建模型、科学推理、科学论证和质疑创新的思维。

（2）社会技能目标（合作性目标）。

① 通过独立编题、学题和讲题，培养学生个人责任意识和自主学习能力。出题时要想着对方，不能难倒对方，不能让对方失去做题的激情，学题时要想着给团队其他学生讲题教题，培养责任感；② 通过合作交流培养学生相互帮助，取长补短、相互尊重、相互信任、相互鼓励、相互学习的品质；③通过群体合作与交流培养学生学会倾听、学会提问、学会解决问题、学会欣赏等的素养。

4. 合作类型的挑选

我们在大量的实践基础上，总结出了一些常用合作学习类型，如正式的大合作和非正式的小合作；评价性合作与非评价性合作；生生合作与师生合作；全班合作与配对合作等。教师要根据不同的合作学习任务选择合适的合作学习类型。对于需要全班性互动且评价的，一般设计成大合作。对于不需要很长时间和评价的，一般设计成小合作，只是同桌或前后随机互动即可。对于共性的、思辨性较强的、有一定难度的问题或任务，一般设计成全班互动型合作学习。对于个性的、简单的问题或任务一般设计成配对型互动合作学习。“用牛顿运动定律解决问题”这节课应该选择评价性大合作，具体操作流程见下面的合作步骤。

5. 合作时间的安排

合作有课前合作、课中合作和课后合作。一般来讲，要根据合作的材料、合作目标和合作策略等决定合作时间。如“用牛顿运动定律解决问题”这节课的合作时间是这样安排的：①课前合作：提前一周布置前置性合作学习；②课堂合作：45 分钟；③课后合作：20 分钟（完成小组总结与反思）。

6. 合作方法的挑选

合作方法的选择要根据合作学习任务而定，目前卡甘公司已经开发出 200 多种方法，我们既可以选用卡甘的结构法，也可以根据自己的设计需要自己开发结构法。合作学习方法的选择不是一蹴而就，需要长期研究与实践。好的合作学习策略能使合作学习任务顺利完成。本节课选用“目标协同结构法”，其基本流程见合作步骤。

7. 合作小组的编排

不同的合作学习任务编组不同，教师不应该统一使用基组，应该据合作学习任务研究编组，使学生易于合作交流，易于走动，易于表演。如在开展“用牛顿运动定律解决问题”这节课合作学习时，我重新设计编组格式，如图 2-4-1 所示，全班 60 人，按异质编为 16 小组，每小组 4 人，上课时学生重新按这个编排坐好。

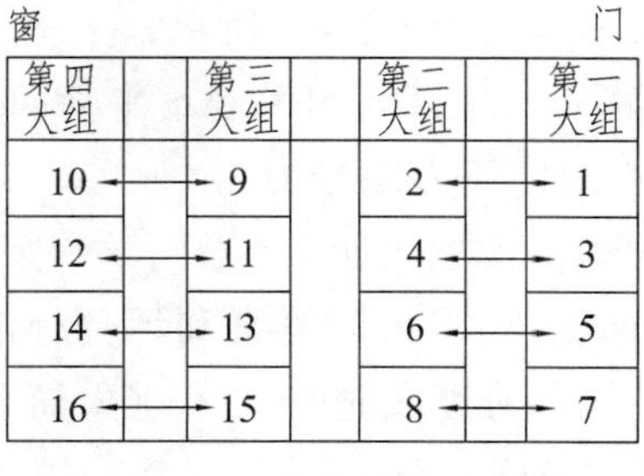

图 2-4-1　合作学习座位表

8. 合作活动与步骤的设计

合作活动与步骤的设计是合作学习成败的关键，要从多方面考虑：① 从学生学的角度去设计，以知识再现过程和思维发展过程为主线，选用不同的合作学习方法引导学生完成合作学习任务，突显学生在课堂上主动性、参与性和体验性，使学生通过合作学习学会知识，会学知识，形成学科核心素养。② 学生课前预习时间较紧张，预习条件较差时尽量减少课前预习环节，在课堂上边预习边交流，有利于全班同时互动，进度一致，并能及时纠正学生的错误观念。③ 设计活动和问题时尽量减少填空题，多一些发散思维、思辨性和开发性的问题或情境。④ 活动和步骤设计要简洁明了，严格按照课程标准要求设计，不要在基础学习中提升学习难度，拓展太多，选材要有针对性，要有综合性和创新性。⑤ 活动设计应遵循弗雷德“倾斜绳子理论”，“如果我们在教室四英尺高的地方拉条绳子，有些学生能跳过，有些就不能。但是，如果我们倾斜绳子，那么每个人都能找到合适的地方跳过去”。⑥ 应该补充一些课外 STS 知识，课外趣味知识，如直流电动机的输电、纳米技术。⑦ 设计时要去除“功利性”教育思想，不落下任何一个学生，让学生平等参与，使不同层次的学生都有所收获。

下面就是“用牛顿运动定律解决问题”这节课的合作学习步骤，仅供参考。

第一步：课前构建力与运动、牛顿运动定律知识体系（一周）。

组内四人同时自主构建力与运动、牛顿运动定律知识体系，画出知识结构网络图或思维导图，然后组长组织本组成员交流合作，完成小组的知识网络结构图或思维导图，并对每位组员进行评价。最后教师对每一个学习小组进行评价和评估，并在全班加以展示，全班分享交流，从而形成力与运动的基本观念。

第二步：课前编题（一周）。

① 全班按列分为四大组，如图 2-4-1 所示，一、三大组编制平衡问题（主要用共点力平衡条件求解），二、四大组编制不平衡问题（主要用力和运动的知识求解）。② 把每一小组内四人编号为 1、2、3、4，1 号同学利用水平面模型出题，2 号同学利用斜面模型出题，3 号同学用竖直面模型出题，4 号同学用其他模型出题（自选）。要求另附答案和评分标准（满分 5 分），题量要保证在 5 分钟左右，题的难度要适中，不宜太简单，不易太难，尽量原创，题和答案都要规范，字迹工整，图形规范，描述简洁明了，每道题后面留有足够解题空间，写清楚出题号和出题人姓名。③ 组长负责组合，并一式四份，让每一位组员做一遍，然后进行组内交流，保证每位成员都掌握四道题。④ 正式上课前一天早晨上交老师审核，教师将依据出题质量加以评分，对不符合要求的题目提出修改意见。

第三步：组间交互做题（6 分钟）。

在课堂上用 6 分钟做题，就近组同号交换试题做题，在规定时间内完成。

第四步：组间评分交流（6 分钟）。

做完题后就近组同号同学站起来交换所做试题，同时给对方解题过程评价，打分（每题的满分是 5 分），并在试卷上说明扣分原因，同时展开交流，保证双方都掌握该号试题，最后准备回到基组教其他同学。

第五步：组内合作学习（16 分钟）。

组内每位同学学会后回到原来基组，头对头低声向组内其他组员汇报，讲解自己所学到的知识，其他同学倾听、理解、记录，该过程轮流进行。汇报讲解时要求简洁明了，不要说与问题无关的话题，直到全组成员都理解你的讲解为止。同时，组内归纳总结出用牛顿运动定律解决问题的基本思路或方法，记录员记录，形成简洁明了的报告，准备到黑板上写下本组的合作结果。

第六步：班内合作交流、归纳总结（5 分钟）。

抽查某一组某一号同学汇报另一号题的解题思路。汇报结束后，每一组派记录员到指定位置写出本组的合作结果。

第七步：合作学习的评价与评估。

第八步：小组总结与反思。

（四）深入分析合作学习任务设计的教学假设与教学变量

教学假设与教学变量分析是分析合作学习任务设计严谨性的有力保障，在设计合作学习课堂教学时应该由某一点发散，再聚焦在这一点上，这一点就是教学目标。教学设计不宜太扩散、拓展、开放，应尽可能紧缩。除此之外，还应重点注意合作学习假设与变量的分析。我们在大量的实践中也发现合作学习假设与变量分析的重要性，只要没有进行学习假设与变量分析，就完不成教学任务，课堂上就会出现问题，就会留有缺憾。

1. 要想明白每一个合作环节的学习假设及其应对策略

教师要认真预设合作学习过程中可能出现的学习假设，并琢磨出应对的策略，只有这样才能提高课堂教学的效率。表 2-4-2 是针对“用牛顿运动定律解决问题”这节课的每一个合作环节进行了学习的假设，并提出了应对的策略。

表 2-4-2 “用牛顿运动定律解决问题”的合作学习假设分析

合作环节	学习假设	教学策略
编题	能促进学生读题、思考、做题、应用相关知识与规律；学生不想出题，觉得没用，认为出题很简单；有的认真，有的不认真；学生出题质量较差，抄书上的题，应付；题太难，或太简单，题量太大或太小等	教师指导并审核每一道题，确保质量
组间交互做题	能促进学生接触各种不同的模型和题型；掌握力和运动的知识与规律，培养相关技能；部分学生在规定时间做不完，不会做，做错了，不想做，应付等	按时结束，不要拖拉，不会做的同学还有小组交流与讨论过程，可以群体学习
组内合作交流	能使学生发生思维碰撞，让大家取长补短，开阔眼界，培养交际能力；可能存在个别学生不合作、不交流的现象，或是讨论偏离主题的情况	教师实时监控全班，及时鼓励、帮助与提示
组内归纳	能促使学生学会找规律。在学习过程中，大部分学生不擅长找规律，由于难于归纳，出现不想归纳，或是归纳不对点的现象	让各组派代表上黑板在指定位置写下本组的总结，学生就会认真归纳、总结
小组评价	能鼓励、肯定与激励学生的学习；合作中存在学生不诚实、不评价、乱评价、不会评价的问题	教师反复强调评价的重要性，诚实性，并给予适当指导

2. 预设好合作学习中变量有多少，并采取策略进行干预

通过前面预设的合作学习假设，教师应逐一分析合作中每一环节所存在的学习变量，并提出应对的策略，只有这样，才能有效开展合作学习的一系列活动。表 2-4-3 是针对“用牛顿运动定律解决问题”这节课的每一个合作环节进行了合作学习变量的分析，并提出了应对的策略。

表 2-4-3 “用牛顿运动定律解决问题”的合作学习变量的分析

合作环节	变量分析	教学策略
编题	61个学生可能编写61道不同的题，每道题又有不同的变量，就有几百个变量	教师想要把控这些变量，就需要提前审核学生编的题
组间交互做题、评题	61 个学生可能编写有 61 道不同的题，每道题也可能有多个解法，在做题、评题时学生还会出现这样那样的问题，每道题就有很多个变量	教师可能需要把控约几百个变量，就需要认真思考、解答学生编的每一道题，而且要多角度思考每一道题，关注一题多解，思考学生可能出现的问题

续表

合作环节	变量分析	教学策略
组内合作交流	16个组，16个大变量，每组又有4个不同学生，组内交流就会有4个以上变量，全班就会有很多个变量	教师不可能关注到每一组、每一个学生，只好让每一组的记录员记录交流过程中存在的问题，以便教师在课后更好地指导和研究
班内交流	16大组互相交流汇报，就有16个以上变量，弄清楚这些变量需要一定的时间	教师可以选取一组汇报，重点分析其解题的规范性，其他组加以补充，尽量减少变量
模型变量	水平面、斜面、竖直面和其他模型分别约有16个变量，合起来就有几十个变量	教师应该找出几十个可能出现的模型，提前设计好思维导图，展示给学生
归纳总结	变量更多，在课堂上不易一一展开	为了减少变量，教师应该据学生的归纳总结，从四大模型和两大问题进行高度概括
小组评价	自评、组评和合作评价都有五个维度，每一维度都有四个评价标准，学生和老师要面临很多个变量	教师应该在学生合作过程中随时记录各小组合作情况，便于下课前能合理评价各组。而自评和组评应该让学生下课再评价，以便节省时间

五、合作学习评价的设计

设计好合作学习任务后，就可以实施合作学习任务，按合作学习任务设计步骤开展了合作学习的教学活动。合作学习任务的实施、评价、总结与反思是检验与改进合作学习任务设计科学性的主要途径。在实施合作学习任务的过程中，我们要不停地监控每一组的进程，引导好每一组的有效合作，教授好大家的合作技能，就要不时地评价，不仅要评价好每一小组的合作学习情况，还要评估评价师生关系等，以促进合作学习的顺利、高效进行，有效培养学生的合作技能。

（一）合作学习评价的概念

评价就是评定价值的意思，[①]是指对一件事或人物进行判断、分析后的结论。教学评价是以教学目标为依据，按照科学的标准，运用一切有效的技

① 金娣，王钢. 教育评价与测量[M]. 北京. 教育科学出版社，2008：4.

术手段，对教学过程及结果进行测量，并给予价值判断的过程。教学评价是对教学工作质量所做的测量、分析和评定。它包括对学生学业成绩的评价、对教师教学质量的评价和进行课程评价。[①]教学评价是研究教师的教和学生的学的价值的过程。教学评价一般包括对教学过程中教师、学生、教学内容、教学方法手段、教学环境、教学管理诸因素的评价，但主要是对学生学习效果的评价和教师教学工作过程的评价。教学评价的两个核心环节：对教师教学工作（教学设计、组织、实施等）的评价——教师教学评估（课堂、课外）、对学生学习效果的评价——考试与测验。评价的方法主要有量化评价和质性评价。合作学习评价是一种教学评价，就是评价学生在合作学习过程中对知识的获取、理解和保持程度。传统教学中注重选拔性和淘汰性评价，而合作学习的评价注重发展性评价。合作学习的评价不只是学习过程结束时分出胜负、辨别优劣、筛选学生的功能，而更应该是促进学生全面发展的有效手段。[②]据大量文献查阅，合作学习评价与评估的目的指向性基本一致，并无明显的界线。

（二）合作学习评价的目的与作用

合作学习把“不求人人成功，但求人人进步”作为教学追求的一种境界，同时也将之作为合作学习评价的最终目标和尺度。[③]

评价，不仅针对个人、小组，还需要对班级以及老师进行评价，如果缺少合作学习的评价，就相当于合作学习没有得到认可。为了建立评价系统，我们建立了一个系统的指导思想，并将个人评价、集体评价、老师评价等各个方面进行了细化。各种评价共同构建成评价系统。合作学习过程中的大量评价数据就是合作学习成效的指标，显示合作学习的意义，展现学生参与的情况。同时这些数据也会指导合作学习任务设计的改进，如果任务太难或者不符合学情，学生学起来会很吃力，数据也会反映出来。在对老师评价的过程中，可能会出现很多情况，例如老师的态度决定合作学习能否进行得顺利，以及进行的深度。那么对老师的评价，要影响到他对学生潜力的把握以及是否能进一步激发学生自主地学习；有说服力的数据可让老师转变看法，从开始的不接受到接受认可。在合作学习过程中，学生可能会产生种种疑虑，如学这些东西有什么用？我跟别人交流有什么用？如果别人不同意或者嘲笑我的想法，我该怎么办？为什么我不敢上讲台？这些学生的心理情况收集正是

① 程书肖．教育评价方法技术[M]．北京．北京师范大学出版社，2004.
② 靳玉乐．合作学习[M]．成都．四川教育出版社，2005：258-259.
③ 靳玉乐．合作学习[M]．成都．四川教育出版社，2005：25.

我们进行合作学习评价的核心。它让老师们更加了解学生的情况，以便在实施过程中有针对性地给予学生展现的机会，或者适当降低梯度，或者让学生建立信心。班级评价能反映学生的成长情况和教师的教学态度，直观的数据更有利于学校了解教师进行合作学习的目的，以及学生参与的一个情况，从而获取学校的支持。

在学习大量理论基础上，结合我们平时开展合作学习的大量实践经验，我们团队也制订了一些评价标准，在具体的实践中得到了很好的应用，效果良好。当然，并不是所有的合作学习都要采用这些评价量表，大家可以根据需要选择不同的评价量表进行评价。

（三）评价的主体与内容

我们团队根据多年来的研究与实践,制定了常用的评价主体与评价内容，见表 2-5-1。

表 2-5-1　合作学习评价的主体与内容

评价主体	评价内容
学生	是否满足积极互赖、责任到人、平等参与、同时互动；交流时是否头对头低声说；能否分享、倾听、尊重、鼓励、表扬他人；能否积极质疑问题、发现问题、提出问题、解决问题和分享问题；在小组中是否有成就感、认同感和归属感等；是否对小组有贡献等
小组	是否满足积极互赖、责任到人、平等参与、同时互动；交流时是否头对头低声轮流说；组员间能否倾听、尊重、鼓励、表扬他人；组内每位成员都能否积极质疑问题、发现问题、提出问题、共同解决和分享问题；小组每位成员是否都有成就感、认同感和归属感；组内有没有达到共赢；小组能否向其他小组学习；小组的每一位同学是否都有进步等
教师	是否喜欢合作学习；是否经常开展合作学习理论与实践研究；能否认真设计合作学习任务清单；能否做到引导、倾听、尊重、鼓励、表扬、接纳、爱护学生；能否给学生更多机会和平台展示合作过程与成果；能否及时教授学生合作技能；能否激发学生合作的欲望；能否总结与反思合作学习；是否具有幸福感等
班级	是否建立 3～5 人小组；是否具有合作学习文化氛围；是否认同合作学习教学；同学们是否具有归属感和自豪感；是否期盼合作学习；教师是否经常开展合作学习等
家长	是否和孩子分享合作学习感受；是否认同和支持合作学习；是否感受到合作学习给孩子带来一些变化

（四）评价的形式及方法

1. 自　评

自评就是自我评价。对自己的一些合作学习行为进行评价，可以促进自我反思，自我成长。自评中能发现一些闪光点，增强自信心和成就感；可以找出一些缺点和不足，及时改正；也可以促使学生积极、主动地与他人合作，培养合作技能。

表 2-5-2 是教师和学生均掌握了较好的合作技能基础上采用的学生自我评价量表。

表 2-5-2　合作自评量表

评价项目	评价标准（分四个档次：4 分、3 分、2 分和 1 分）	自评
积极参与	积极参与各种活动 4 分—自乐自娱 1 分	
平等参与	有平等机会参与各种活动 4 分—没有机会参与 1 分	
使用合作技能	有明显的合作技能 4 分—随意合作 1 分	
个人学习成效	完全学会或完成任务 4 分—基本不会 1 分	
教他人学习成效	热心帮助他人 4 分—基本没有帮助他人 1 分	
得分	评价满分：20 分	

表 2-5-3 是教师和学生在合作学习初期采用的学生自我评价量表。

请阅读下列有关小组合作学习现状的描述，结合自己的表现，在你最认可的选项上打“√”。谢谢你的协助。

表 2-5-3　小组成员自评调查表

序号	内容	从不	偶尔	有时	经常	总是
1	我在小组中感到了认同感、自豪感和归属感	1	2	3	4	5
2	我在小组内有自己的责任	1	2	3	4	5
3	我在小组内有均等的机会表现	1	2	3	4	5
4	我在交流时头对头低声说	1	2	3	4	5
5	我能分享、倾听、尊重、鼓励、表扬他人	1	2	3	4	5
6	我能积极质疑问题、发现问题、提出问题、解决问题和分享问题	1	2	3	4	5
7	我的讨论脱离主题	1	2	3	4	5

续表

序号	内容	从不	偶尔	有时	经常	总是
8	我理解讨论的主题	1	2	3	4	5
9	我能带着我的问题，跟其他成员来分享	1	2	3	4	5
10	我有和成员发生冲突	1	2	3	4	5
11	我想办法解决或者帮伙伴解决冲突	1	2	3	4	5
12	我对小组有贡献	1	2	3	4	5
13	我在小组合作学习中收获很大	1	2	3	4	5
14	我教他人学会知识	1	2	3	4	5

注：满分 70 分，教师可根据学生的自评分数评定其合作技能。56～70 表明你的合作技能良好，42～56 表明你的合作技能中等，28～42 分表明你的合作技能有待提高，28 分以下表明你的合作技能很差，严重影响学习效果。

2. 组　评

组评包括组长对组员的评价和组内成员间互评。组长对成员的评价有利于小组的管理与成长，可以告知组内成员怎么做是好的，怎么做是不好的，好的程度是如何的，不好的程度是如何的。组内成员间互评有利于增进同学间的了解与理解，可以互帮互学，可以互相约束，可以增强小组认同感和归属感。表 2-5-4 是在老师和学生都掌握了一定的合作技能基础上采用的一种评价量表，表 2-5-5 是组长对每位成员的成绩情况的评价量表，表 2-5-7 是基组合作学习记录表，表 2-5-8 是各个小组合作学习课后作业完成情况统计表。

表 2-5-4　组评量表

评价项目	评价标准（分四个档次：4 分、3 分、2 分和 1 分）	组评
积极参与	积极参与各种活动 4 分，自乐自娱 1 分	
平等参与	有平等机会参与各种活动 4 分，没有机会参与 1 分	
使用合作技能	有明显的合作技能 4 分，随意合作 1 分	
个人学习成效	完全学会或完成任务 4 分，基本不会 1 分	
教他人学习成效	热心帮助他人 4 分，基本没有帮助他人 1 分	
得分	评价满分：20 分	

注：组评量表由组长对每位组员进行评价。

表 2-5-5 成绩分阵法评价表

班级小组名称：________________

分数 小组成员	测试题 1	测试题 2	测试题 3	测试题 4	总分	基线分	提高分
1 号：							
2 号：							
3 号：							
4 号：							
小组总分							
小组平均分							
小组奖励							

表 2-5-5 中基线分是根据最近前 3 次测试的原始分之和后的平均分，例如，某生的最近三次单元测验（总分 100 分）成绩分别为：68、53、62，那么，该生在 100 分制中的基线分数为（68 + 53 + 62）÷3 = 61；那么要是测试不是 100 分制，那就按百分之比例把 61 分换算为该次测试的基线分 = $30\times\frac{61}{100}=18$。测试总分与提高分的换算方法见表 2-5-6。

表 2-5-6 测试总分与提高分的换算

测验分数（100 分制）	提高分
低于基线分 10 以上	0
低于基线分 1～10 分	10
等于基线分或超出 10 以内	20
超出基线分 10 以上	30
答卷出色（不论基线分多少）	30

点评：这种评价方法关注的是学生的进步而不是最高分，因此后进生也有可能对小组做出突出贡献，能极大地增强他们的自信心。

表 2-5-7　基组合作学习记录表

_____班____组 ___周 2018 年___月___日到 2018 年___月___日

姓名	表现	发言次数	课堂发言得分	作业得分	作业奖励	问题与解答得分	(　　)得分	小组合作奖励分	总分
1									
2									
3									
4									
本组存在的问题									

表 2-5-7 由组长记录，统计好组内每位同学一周的情况后，于每周五晚修交课代表，课代表输入电脑后上传到老师邮箱里，并把纸质稿交给老师，不得虚报数据。“表现”填“积极”“一般”和“不积极”。“小组合作奖励分”由课代表填写。

表 2-5-8　班小组合作学习课后作业完成情况统计表

组																
1																
2																
3																
4																
⋮																

注：每做对一道选择题加 1 分，每做对一道大题加 2～5 分，以组为单位，把小组得分记录到积分表格中。

3. 教师对小组评价

教师对小组的评价也特别重要，能促使小组加强合作技能的养成，能促使小组合作学习更高效，能使师生关系更和谐，激发学生热爱学习和生活。教师可以据表 2-5-9 在课堂教学中对各个小组进行评价。

表 2-5-9　教师对小组合作的评价标准（满分 20 分）

______班______组

评价项目	评价标准（分四个档次：4 分、3 分、2 分和 1 分）	合作分	合作总分
积极互赖	同舟共济 4 分，一盘散沙 1 分		
平等参与	平等参与 4 分，各干各的 1 分		
个人责任	明显的个人责任 4 分，几乎没有个人责任 1 分		
小组合作技能	有明显的合作技能 4 分，随意合作 1 分		
小组学习成效	组内每个同学都完成任务 4 分，都没有完成任务 1 分		

教师可以利用表 2-5-10 对合作学习进行阶段性评价结果总结，得分较好的组要表扬，得分较差的组要召开总结与反思，指导学生学会合作技巧。

表 2-5-10　班小组合作学习记分总表

第___周___月___日到___月___日

组	课堂	作业	问题	测试	考试进步	其他奖励	总分
1							
2							
3							
⋮							

4. 对教师的评价

对教师的评价也是特别重要的，可以起到肯定、鼓励、表扬、成长和督促等的作用。我们经过认真研究，认为表 2-5-11 可以真实反应教学开展合作学习的情况。

表 2-5-11　对教师开展合作学习情况评价调查表

序号	内容	从不	偶尔	有时	经常	总是
1	是否喜欢合作学习	1	2	3	4	5
2	是否经常开展合作学习理论与实践研究	1	2	3	4	5
3	能否认真设计合作学习任务清单	1	2	3	4	5

续表

序号	内容	从不	偶尔	有时	经常	总是
4	能否做到引导、倾听、尊重、鼓励、表扬、接纳、爱护学生	1	2	3	4	5
5	能否给学生更多机会和平台展示合作过程与成果	1	2	3	4	5
6	能否及时教授学生合作技能	1	2	3	4	5
7	能否激发学生合作的欲望	1	2	3	4	5
8	能否总结与反思合作学习	1	2	3	4	5
9	是否具有幸福感等。	1	2	3	4	5

注：满分 45 分，36～45 表明您可以熟练开展合作学习教学了，27～36 表明您已经步入合作学习研究之路，18～27 分表明您正在合作学习与传统教学之间徘徊，18 分以下表明您现在还需努力才能开展合作学习课堂教学。

5. 对班级的评价

我们评判一个班是否具有合作学习氛围，可以从表 2-5-12 得知。

表 2-5-12　对班级合作学习氛围调查表

序号	内容	评价方法
1	是否建立 3-5 人小组	询问学生或观察
2	是否具有合作学习文化氛围	询问学生或观察
3	是否认同合作学习教学	让全班学生举手表决决定认同度
4	同学们是否具有归属感和自豪感	让全班学生举手表决
5	是否期盼合作学习	让全班学生举手表决
6	教师是否经常开展合作学习	询问学生

6. 家长的评价

有时候我们需要了解家长对合作学习的感受，需要获得家长的认同和支持，就要及时了解家长的态度，就要设置调查量表，见表 2-5-13。

表 2-5-13　家长对合作学习认同调查量表

序号	内容	从不	偶尔	有时	经常	总是
1	是否和孩子分享合作学习感受	1	2	3	4	5
2	是否认同和支持合作学习	1	2	3	4	5
3	是否感受到合作学习给孩子带来一些变化	1	2	3	4	5

六、合作学习的总结与反思设计

（一）小组总结与反思

1. 对小组总结与反思的理解

小组总结与反思不仅有助于合作学习小组的建设，也有助于合作学习任务设计的改进。所以，组织好小组总结与反思具有重要的意义。一般情况下，由于应试教育的压力，学生是没有充足的时间来总结与反思的，学生宁愿多做几个题，也不想耗费时间和精力来总结与反思。另外，即使学生愿意总结与反思，他们有时候也不知道总结什么、反思什么、为什么要总结与反思，总结与反思对于学习有何用处，怎么总结、怎么反思。所以，大部分总结与反思是应付性的，其教育价值不大，几乎不能作为小组建设和合作学习任务设计改进的主要依据。看来，让学生用心完成小组总结与反思是件不容易的事，教师要掌握一些技巧指导小组进行有效的总结与反思。

总结是社会团体、企业单位和个人在自身的某一时期、某一项目或某些工作告一段落或者全部完成后进行回顾检查、分析评价，从而肯定成绩，得到经验，找出差距，得出教训和一些规律性认识的一种书面材料。反思就是“回头、反过来思考的意思”，是近代西方哲学中广泛使用的概念之一，又译为反省、反映，原意指光的反射，作为哲学概念是借用光反射的间接性意义，指不同于直接认识的间接认识。我们认为，小组总结与反思就是小组成员一起对合作学习的方方面面进行归纳、再认识、再思考，并以此来总结经验教训，提炼新的观点。总结与反思不仅仅是经验总结和优缺点罗列，更重要的是通过总结与反思对合作学习过程与结果进行评估与评价，对合作学习情况进行深度提炼，对合作学习过程中不当做法进行改进。

2. 小组总结与反思的意义

合作学习小组总结与反思可以肯定小组合作学习优势，改进小组合作学习劣势，可以增加小组凝聚力、认同感和归属感，可以有效培养学生的合作技能，对小组建设起到至关重要的作用，大大提高了小组的效能，是高效合作学习的必备一环。

3. 小组总结与反思的策略

一般来讲，每一次大型的合作学习都应该进行总结与反思，或每周进行一次总结与反思。对于平时的非正式小合作一般不进行小组总结与反思。在小组总结与反思时要求组员都要参与，不能只是组长写一份总结与反思稿交差而已。各小组完成总结与反思需要时间和空间，但在今天的应试教育背景下，学生们很难找到时间和空间来完成一项与刷题无关的非功利性活动。所以，教师可以利用课堂时间、晚修值班时间组织学生在规定时间内充分讨论，完成小组总结与反思，也可以建议各小组在周五晚修或周末时间选择合适的场所灵活完成总结与反思任务。如果教师能够利用信息技术，可以让各小组利用微信功能在周末完成总结与反思。

教师应该设计一些总结与反思表格让学生填写，可以规范学生总结与反思内容。表 2-6-1 就是我们研究团队设计并常用的一种表格。

表 2-6-1　小组总结与反思表

合作内容________时间_________ _______班______组

成员	总结与反思		
	合作中学到了什么	合作优点	合作存在的问题及改进
1			
2			
3			
4			

教师在收集好合作学习总结与反思表后，及时整理、归纳，对突出的问题要指导学生及时改进，必要时教师要分析原因，研究对策，采取措施。

（二）教师总结与反思

教学反思是教学研究、教学相长的重要一环。很多老师懒于总结、反思，上课就是一种职业，上完课就万事大吉，没觉得有什么要总结反思的，这对教师成长是不利的。

所谓教学反思，是指教师对教育教学实践的再认识、再思考，并以此来总结经验教训，进一步提高教育教学水平。教学反思一直以来是教师提高个人业务水平的一种有效手段，教育上有成就的大家一直非常重视之。现在很多教师会从自己的教育实践中来反观自己的得失，通过教育案例、教育故事或教育心得等来提高教学反思的质量。

教师组织学生开展合作学习的课堂改革中，教学反思显得尤为重要，为深入研究合作学习提供了理论原材料，为优化设计合作学习任务提供了可靠的实践经验。表 2-6-2 是我们团队通用的教师反思表。有时候老师们觉得填表受限制，也可写出一段话或一篇文章。

表 2-6-2　合作学习教学反思登记表

学校：

姓名		任教年级		章节	
课题					
反思内容	一、学生前置性学习情况				
	二、课堂教学情况				
	三、课后作业情况				
	四、教学检测分析				
	五、学生存在的问题				
	六、教学不足之处及改进策略				

注：本表由袁勇合作学习研究团队制。

以下例举 3 个教学反思的例子，以供参考。

案例 1　合作学习教学反思登记表

学校：湛江市第二中学

姓名	袁勇	任教年级	高一	章节	3.3
课题	摩擦力				
反思内容	一、学生前置性学习情况 第一节课，提前几天让学生准备前置性学习，非常简单，但是 80%的学生没有当回事，没有充分准备，学生喜欢做与高考有关的题。准备的学生也是应付型较多，深度学习较少。学生喜欢做题，认为做事不能提升考试能力。				

续表

<table>
<tr><td rowspan="6">反思内容</td><td>二、课堂教学情况
第一节课教学效果特别好，学生小组合作非常顺利，这与教学设计有关，但学生不善于归纳总结小组合作成果，汇报的随意性仍然很大。最后利用卡甘合作法效果非常好，使学生深刻理解判断摩擦力有无的及其方向的基本方法。
大部分学生上台表演不够自信，合作学习中提炼汇报材料较为随便，不懂得高度概括，感性学习占上风，理性学习难度大，深度学习严重欠缺。
第二节实验中，学生积极性特别高涨，男女搭配效果很好，一半学生基本上能在10分钟完成实验，并主动处理数据，还有约20%的学生玩的成分大，没有明确的目的与思路，致使完成任务用了20分钟左右。很多学生在研究静摩擦力时玩的成分大，没有深度研究。课堂上让学生现场处理数据、画图线，85%的学生画得非常好，基本掌握了用图线法处理实验数据的方法。</td></tr>
<tr><td>三、课后作业情况
课后布置作业基本完成，错误率比较高，主要表现在摩擦力有无的判断和摩擦力的方向。</td></tr>
<tr><td>四、教学检测分析
<table><tr><td>班级</td><td>参考人数</td><td>满分</td><td>平均分</td><td>达标分</td><td>达标率</td></tr><tr><td>16</td><td>62</td><td>10</td><td>7.6</td><td>7.0</td><td>73.2%</td></tr><tr><td>17（重点）</td><td>50</td><td>10</td><td>9.1</td><td>7.0</td><td>95%</td></tr><tr><td>21</td><td>61</td><td>10</td><td>7.5</td><td>7.0</td><td>72.9%</td></tr></table></td></tr>
<tr><td>五、学生存在的问题
学生不够主动构建知识，思考问题，对与考题无关的物理实验分析、物理事实和物理科学不感兴趣，功利性极强，在课堂上动作比较慢，做事慢腾腾的，保持听课的惯性特别大。</td></tr>
<tr><td>六、教学不足之处及改进策略
课前课后作业监管和评价不够到位，致使学生课前准备工作不到位，课堂容量较大，培养学生多方位能力与核心素养太多，要精简。</td></tr>
</table>

案例2 廉江一中冼景连老师“静摩擦力”的教学反思

1. 这样上课，老师课前很辛苦，要用心设计好教学案，准备实验仪器等，然而上课很轻松，但要善于评价、鼓励学生。学生上课很快乐，尽管感觉学得慢，学得少，学的乱，但用心感受过程，而且学了就教别人，印象深刻，记得牢。为了避免学生不知道一节课学了什么，学案上一定要写清学习目标，上课结束前要注意总结，总结知识、规律、方法等。

2. 由于以前很少上这种课，学生拿到仪器后，不知道要做什么，要怎么做？动手能力有待提高。

3. 很多学生课后反映：懂得怎么做，但不会写出来，不会说出来。语言表达能力有待提高。

4. 教师要把控教学节奏与教学时间，不宜拓展太多，太深。教师要善于评估与评价，不能占用学生太多时间来评分、评估。

5. 教师要督促、检查好学生的课前合作与自主学习，让学生做好充分准备，告知学生合作的一些技巧与课堂汇报学习结果的技能，如学会尊重别人，学会承担个人与小组责任、学会倾听、学会鼓励别人、学会分享、学会帮助别人、学会忍让等，让学生快速跑到讲台、言简意赅地讲解汇报学习结果。

6. 课后要收合作学习材料，据合作的情况评价和评估。合理的评价能促使学生学习。

案例 3　袁勇老师“用牛顿运动定律解决实际问题”的教学总结与反思

一、教学设计的网络化促成了合作学习的网络化

1. 知识网络化。力与运动，合成与分解，静止、匀速与变速，平衡与不平衡，二力、三力与多力，牛顿三定律，整体法与隔离法，水平面、斜面、竖直面与其他模型等交互出现和使用，构建牛顿运动定律知识网络，以使学生加深理解、易于辨析、牢固记忆。

2. 学习任务和合作网络化。编题、互做、互学、互教、互评、互议横纵交错，为合作学习网络化奠定基础，利于各类层次的学生交互学习，互相帮助，分享不同观点和情感，充分发挥学生的主动性和能动性，调动学生学习的积极性，培养学生学习的兴趣，使学生学有起伏度、思有深度、见有广度、合作有兴奋度、经历有强度。

二、学生学习热情一浪高过一浪

从开始做题，学生就充满了期待，期望自己能获得满分。同号就近组成专家组交互评分时，每位学生表现很激动。自己编题，让别人做，由自己评分，这事儿从没有经历过，评分后还要相互交流解释评分标准，说服对方接受评分标准，指出对方解题存在的问题，相互学习，每位同学必须向对方学会所做题的解法，否则难以在下一环节教授组内其他三位组员，该过程其乐无穷。每号同学学会自己负责的题后，回到基组教授其他三位同学，自信而自豪地充当老师，经历传道、授业、被质疑、解惑、分享等一系列教学过程，

其他同学必须记录、提问、理解、学会每一道题，否则在汇报中不能准确讲解出任何一道题，汇报时任何一号同学都不能汇报自己负责的题，这样促使每位学生都要弄明白任何一道题，从而可以很好地保证合作学习的四要素：积极互赖、个人责任、平等参与和同时互动，也很好地杜绝“滥竽充数”“搭顺风车”的现象。

三、编题过程一波三折

前一周布置任务，授课前一天早晨发现只有 20%的学生出了题，80%的学生没有完成任务。我只好找两节课专门让学生编题，效果很好，学生基本能完成编题任务，但还有一些同学想得太复杂，未能完成任务。上课前发现大部分组还没有轮流做题，没有很好地进行组内交流。原因在于长期以来学生适应了“被逼着学习”，其学习主动性较差，如何培养学生自主学习的能力是一大难题。上课前一天晚上，我和助手曹老师进班检查修改学生编的题，足足用了三个多小时，才整体上把好编题关。

四、有不足才有改进

本节课也存在以下一些不足之处：① 本节课应该提前一周让学生画出力与运动、牛顿运动定律的思维导图，然后教师归纳总结学生的思维导图，展示给学生，其教学效果或许会更好。② 本节课应该多展示几个小组的学习结果，让更多的错误思维和不良习惯公之于众，警示其他学生，同时将更多的正确思维和创新解法分享给每一个学生。③ 本节课还有三到五位学生没有完全掌握学习任务，教师应该多花时间来辅导这几个学生，提前设置学习假设和学习变量，采取积极的教学措施，使这几个学生在老师或同学的帮助下学会相应知识。④ 本节课应该延长至 60 分钟，让学生能够更好地评价、评估、总结与反思。

五、教学效果显著

我设置了调查问卷，对实验班高一（16）班全体学生发放问卷 60 份，收回 58 分，并对部分有代表性的学生进行了访谈，这里选取部分有针对性的调查结果和访谈结果来说明教学效果，数据处理结果如下：

① 学生在这节课的收获比较大，认为特别大的占 10.5%，较大的占 64.9%，一般的占 22.8%，不大的占 1.7%。② 学生喜欢这节课的教学方式，非常喜欢的占 17.5%，喜欢的占 66.7%，无所谓的占 10.5%，不喜欢的占 3.5%；③ 学生学会了老师布置的大部分任务，学会 90%以上的占 40.4%，学会 80%左右的占 19.3%，学会 70%左右的占 19.3%，学会 60%左右的占 14%，学会 50%以下的占 3.5%；④ 学生喜欢和同学合作交流，非常喜欢的占 35%，喜欢的占 57.9%，无所谓和不喜欢的占 7%；⑤ 学生最渴望、最喜欢自主合作

探究学习和讲练结合教学方式，占比达到 77.2%，喜欢讲授式的占比仅为 12.3%；⑥ 学生认为讲授式课堂最沉闷，占比 59.7%，而自主合作探究学习方式只占 7%。

从学生的调查问卷和访谈结果可知，学生非常不喜欢传统的讲授式课堂，其教学效果较差。相比之下，学生喜欢以自主合作探究为主的讲练结合式、体验式、参与式、合作式的课堂，其教学效果好。精心设计的合作学习能让学生在物理学习的道路上体会到更多的乐趣；能提高学生的自主、合作和探究学习能力；能更好地暴露出学生的错误思维，培养学生的科学思维，不断增强学生构建模型、发现问题、提出问题、解决问题和归纳推理等的能力；能使每个学生都平等参与课堂活动，承担个人责任；能有效提高差生的学习成绩；能打破传统教学过程中学生各自为营的局面，增进同学间的交流与情感；能使课堂气氛不再沉闷，变得活泼、轻松、自由、民主，充分培养学生的自信心；能使学生在物理课上永远不会犯困，无心理压力。

第三章　高中物理合作学习任务设计 39 例

一、目标协同结构法

目标协同结构法是我们团队原创的合作方法，也是目前团队老师使用最多的方法。在目标协调结构法中，教师把要完成的教学目标按四条不同路径实施。四条路径的难度不一样，从易到难，但目标是一致的。由于学生能力的不同，可选择或被分配不同难度的任务，分层完成。先个人独立研究负责的任务，接着研究同一任务的同学组成专家组交流，在专家组交流后必须掌握自己所负责的任务，才能在回到基组交流时教会同组的其他同学，所以须人人尽责又协同互助达成一致目标。目标协同结构法和切块拼接法步骤非常相似，但切块拼接只是将一个整体任务切成四块，四人共同完成，并不具备上述特点。

主要步骤是：组建基组→独立研究→同号组建专家组交流→重回基组交流→汇报合作成果→评估与评价→小组总结与反馈。

案例 1　判断摩擦力的方向

（一）合作学习任务

判断摩擦力的方向。

（二）合作原因

学生往往错误地认为，只有静止的物体才能受到静摩擦力，只有运动的物体才能受滑动摩擦力，滑动摩擦力的方向与运动方向相反。而由于静摩擦力的不可观察性，在具体问题中又表现出“动中有静，静中有动”，尤其静摩擦力在许多情形下似乎又是“若有若无，方向不定”，因此，判断静摩擦力的方向对于初学者来说十分不易，学生往往判断错误。而摩擦力在生活中处处可见，传统课堂中师生交流单一，易让学生学习兴趣缺失，不能深入理解，更不能应用规律解决实际问题。为了能恰当地运用证据证明摩擦力的方向与相对运动（或相对运动趋势）方向相反，本案例选择了各种典型模型让学生通过目标协同结构法判断静摩擦力和滑动摩擦力存在与否，并判断摩擦力的方向。纠正学生错误思维，培养学生的实践思维和解决问题、合作交流能力。通过多种评价量表，评价学生的个人表现与小组合作技能的使用情况，让学生充分感受到学习过程中的各个环节中教师的多元评价与对他们的肯定，培养学生的综合能力。

（三）合作目标

1. 学业目标

能判断是否存在摩擦力，并正确判断摩擦力的方向，解决实际问题。

2. 社会技能目标

（1）通过小组合作与交流，让学生学会倾听，学会提问，学会解决问题，学会欣赏，学会承担个人与小组责任等。

（2）增强与人相处时的社会技能：尊重对方、礼让他人、平等原则、友爱互助等。

（3）提升自身合作交流能力、思维能力和分析、解决问题的能力，发展自身的核心素养。

（四）合作方法

目标协同结构法。

（五）合作类型

正式的大合作（评价）。

（六）合作时间

25 ~ 35 分钟。

（七）合作步骤

第一步：组建基组。按组内异质原则，每 4 人编为一小组并编号 1、2、3、4，所有成员先自主学习以下材料：

“四步法”判断摩擦力方向：

（1）找出摩擦力的施力物体。

（2）选择此施力物体为参照物。

（3）判断受力物体的相对运动方向或相对运动趋势方向。

（4）用“摩擦力的方向与相对运动或相对运动的趋势的方向相反”确定摩擦力的方向。

第二步：独立研究。每号同学研究以下相应编号的一组模型。（注：所有模型的接触面都不光滑）（5 分钟）

1 号同学研究模型：图 3-1-1（a）（b）（c）中物块都静止；（d）中 A、B 相对静止，在力 **F** 的作用下一起向右匀速运动。请判断各个物块有无受到摩擦力的作用，若有，画出其所受摩擦力的示意图。

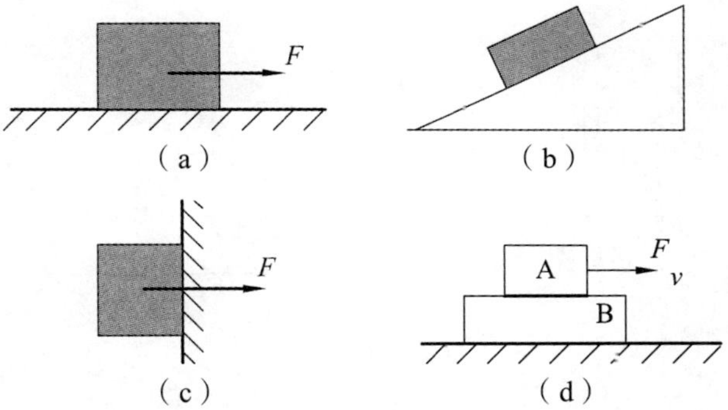

图 3-1-1　1 号同学研究模型

2 号同学研究模型：图 3-1-2（a）中的物块和（c）中的小球均处于静止状态，（b）中物块沿固定斜面匀速下滑，（d）中 A 和 B 物块在力 **F** 的作用下一起向右匀速运动。请判断各个物块或小球有无受到摩擦力的作用，若有，画出所受摩擦力的示意图。

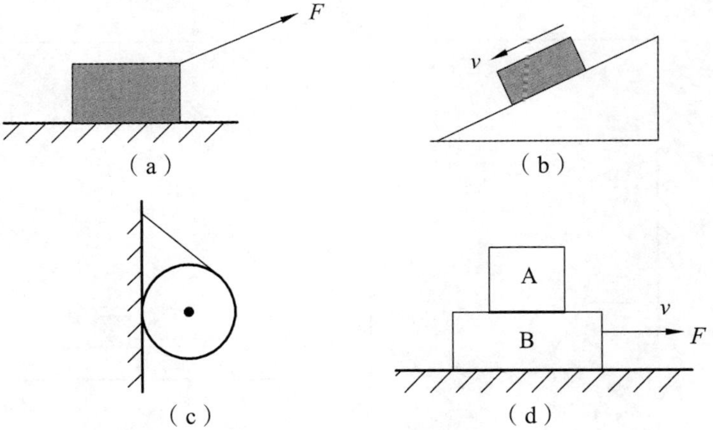

图 3-1-2　2 号同学研究模型

3 号同学研究模型：图 3-1-3（a）(c)(d）中的物块均静止，(b）中物块以速度 v 冲上斜面。请判断各个物块有无受到摩擦力的作用，若有，画出所受摩擦力的示意图。

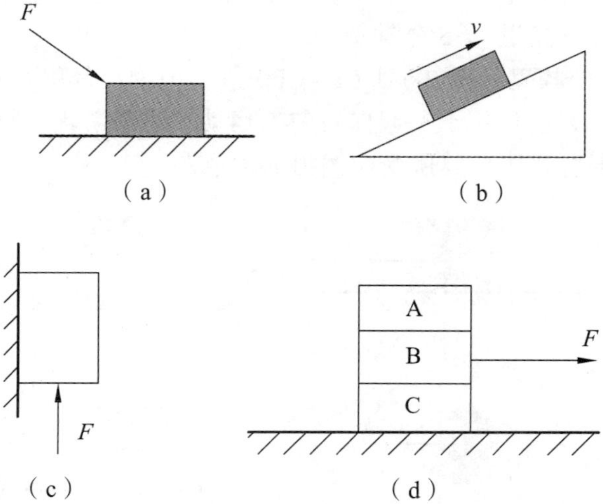

图 3-1-3　3 号同学研究模型

4 号同学研究模型：图 3-1-4（a）中物块向右滑动，(b)(c）中物块保持静止，(d）中长木板 B 在力 $\boldsymbol{F}$ 的作用下向右滑动，下图中所有接触面都粗糙。请判断各个物块有无受到摩擦力的作用，若有，画出所受摩擦力的示意图。

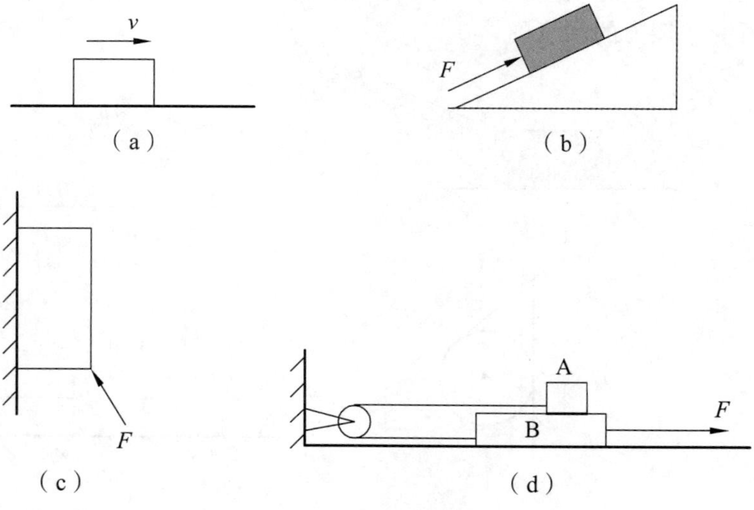

图 3-1-4　4 号同学研究模型

第三步：同号组成专家组。各组1、2、3、4号同学分别就近集中组成专家组进行交流，每个专家组不得少于4人，不多于6人，并确保本组每一个同学都掌握该组承担的任务。（6分钟）

第四步：重回基组交流。组内每位同学学会后回到原来的基组，向组内其他组员汇报、讲解你学到的，其他同学倾听、理解和记录，并轮流进行。汇报讲解时简洁明了，不要说与问题无关的话，直到全组成员都理解你的讲解为止。（8分钟）

第五步：汇报合作学习成果。老师随机抽查某一组一位同学汇报你组的合作学习结果，其他组补充。（时间：4分钟）

第六步：评估与评价。（时间：2分钟）（参考第一章）

第七步：小组总结与反思。（时间：3分钟）

（八）教学中应注意的问题

（1）教师要把控教学节奏与教学时间。基础比较差的学生比较难理解本节内容，教师可根据学生情况适当删减，学生汇报和教师总结讲解可适当延长时间。

（2）教师要善于评估与评价，课堂不能占用学生太多时间来评分、评估。课后要收学生的合作学习材料，根据合作的情况评价和评估。合理的评价能促使学生学习。

（3）教师要告知学生合作的一些技巧与课堂汇报学习结果的技能，如学会尊重别人、学会承担个人与小组责任、学会倾听、学会鼓励别人、学会分享、学会帮助别人、学会忍让等，让学生快速跑到讲台，言简意赅地讲解汇报学习结果。

（4）学生汇报时，若有设备可直接投影答案，让一人代表讲解即可。若不能直接投影，可抽查两人上讲台，一人画图一人讲解。

案例2 弹力产生的条件与弹力的方向

（一）合作学习任务

判断弹力产生的条件与弹力的方向。

（二）合作原因

本节为“相互作用”内容的第一节，学生在高中首次接触“力”的概念，通过对本节的弹力的概念进行系统的讨论，为进一步理解后面章节的力的概念打下坚实的基础。结合“放大法”这一物理学研究方法与多种实验器材的展示，通过合作学习，充分发挥学生的主动性、主体性和创造性，让学生亲身感受弹力产生的条件与方向，这样总结出来的结果更能使学生理解深刻，并形成应用知识与方法解决实际问题的价值观。

（三）合作目标

1. 学业目标

结合“放大法”这一物理学研究方法与多种实验器材的展示，让学生参与到实验中，带着问题探究生活现象，会判断弹力产生的条件与方向；培养学生科学的探究方法和研究问题的能力。

2. 社会技能目标

（1）学会交流、学会倾听及提高做笔记的效率。

（2）对彼此得出的结论和推理过程提出质疑，以提高对所考虑的问题的决策质量和理解程度。

（3）在实验过程中，通过合作与交流，提高团体协作的意识。

（四）合作类型

正式的大合作（评价）。

（五）合作时间

30 分钟。

（六）合作方法

目标协同结构法。

（七）合作步骤

第一步：课前自主探究提高效率。课前老师把所需实验器材每套若干个放在教室指定位置，让每一位学生自己动手实验并思考产生弹力的条件与方向。

第二步：组建基组。上课时，四人一组，并编号 1、2、3、4。

第三步：独立研究。所有同学按编号独立思考对应的实验情形，并完成所对应的问题，如表 3-1-1 所示，个别同学可根据需要再次利用实验器材去探究。（4 分钟）

第四步：同号同学组成专家组。各组 1、2、3、4 号同学分别就近集中组成专家进行交流，每个专家组不得少于 4 人，不多于 6 人，并确保本组每一个同学都掌握对应的问题。（4 分钟）

第五步：重回基组交流。组内每位同学学会后回到原来基组，向组内其他组员汇报、讲解你学到的，其他同学倾听、理解和记录，并轮流进行。汇报讲解时简洁明了，不要说与问题无关的话，直到全组成员都理解你的讲解为止。（8 分钟）

第六步：汇报合作学习成果：老师随机抽查某一组一位同学汇报你组的合作学习结果，其他组补充。（6 分钟）

第七步：评估与评价。

第八步：小组总结与反馈。

表 3-1-1　小组合作学习任务

现象		1 号研究：书本（装水气球）与桌面（纤维板）间相互挤压	2 号研究：被拉长的弹簧使小车向左运动	3 号研究：用细线悬挂着的木块（用水气球替代木块，用橡皮筬代替细线）与细线旳相互拉伸。	4 号研究：弹簧对物体的弹力
实验（图像）观察			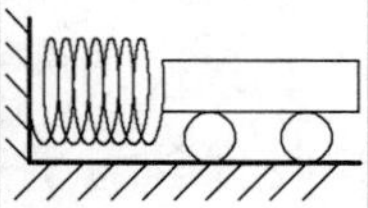	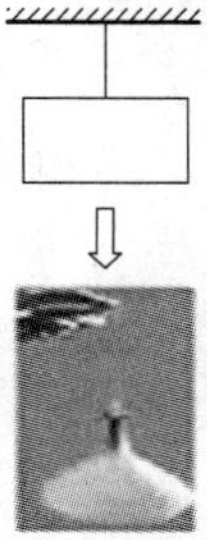	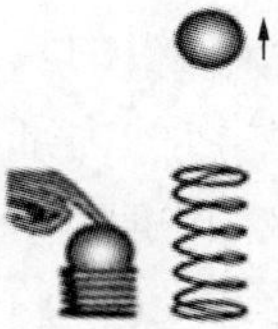
弹力产生的条件					
方向探究（可在图中画出）	受力物体	桌子（纤维板）	小车	木块（水气球）	小球
	受力物体受到的弹力方向				
	施力物体	木块（水气球）	弹簧	细线（橡反筋）	弹簧
	形变方向				
结论	① 压力（支持力）的方向总是垂直于________，而指向物体________。				
	② 绳子的拉力方向是沿绳子且指向________的方向。				
	③ 某物体受到的弹力方向指向施力物体的________方向。				

（八）教学中要注意事项

（1）本节课中的实验展示较多，有些实验一人观察不易，建议组长分配好互相帮扶的同学。

（2）学生从现实情景过渡到物理模型的过程中，教师要引导学生通过实验探究进行建模，这对培养学生的科学思维是非常好的。

（3）学生在汇报结论时，教师引导其他同学学会倾听，学会提问。

案例3 采用目标协同结构法求解功

（一）合作学习任务

采用目标协同结构法求解功。

（二）合作原因

学生在初中已经接触过功，但初中时对此要求比较低，只需要利用公式进行简单的计算。而高中加入了矢量后，很多学生在分解力或分解位移时容易混淆，矢量运算不能运用自如。因此，本案例通过目标协同结构法，每个成员都得完成一个求解功的任务，使得小组中的每一个成员都能意识到自己对小组的贡献是别人不可替代的，谁都不能偷懒。通过专家组的交流学习及基组的内部交流过程，每个人都学会求解功的方法。而每个人都能从别的同学的讲解中学到更多的求解功的方法及注意事项，更加深刻地理解如何求解功。从机制上确保了每一个学生成功机会均等的可能，使每一个学生有积极参与的欲望。

（三）合作目标

1. 学业目标

理解功的定义式 $W=Fl\cos\alpha$，并能应用公式求解单个力做功及合力做的功。理解力 F、位移 l、夹角 α 对功的影响。

2. 社会技能目标

（1）学会与人交流、分享资源和信息，以便更有效地处理加工这些信息。

（2）提升自身合作交流能力、思维能力、分析解决问题的能力，培养和发展自身的核心素养。

（3）通过在学习中与他人的交流与合作，掌握一定的社会交往技能，提高合作兴趣，培养团队精神。

（四）合作方法

目标协同结构法。

（五）合作类型

正式的大合作。

（六）合作时间

18 ~ 20 分钟。

（七）合作步骤

第一步：组建基组。4 人组成合作小组，编号 1、2、3、4。

第二步：独立研究。每位同学在 3 分钟内完成下列对应编号的任务。

1 号题：如图 3-1-5 所示，质量为 m 的物体在动摩擦因数为 μ 的水平面向右运动，位移为 s。求：（1）物体所受各个外力对物体做的功为多少？（2）合外力对物体做的总功是多少？

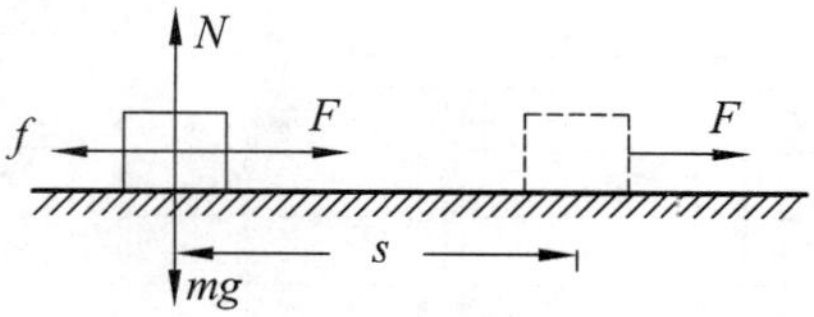

图 3-1-5　1 号题

2 号题：如图 3-1-6 所示，用 50 N 的力拉一个质量为 10 kg 的物体在水平地面上前进，物体与地面间动摩擦因数 $\mu = 0.1$，若物体前进了 10 m。求：（1）物体所受各个力做的功。（2）各个力所做的总功。（$\sin37^c = 0.6$，$\cos37° = 0.8$，g 取 10 m/s^2）

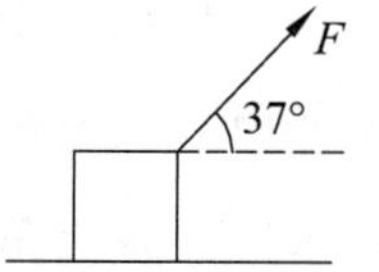

图 3-1-6　2 号题

3 号题：质量为 m 的小物块从斜面顶端滑到斜面底端，斜面倾角为 37°，物块与斜面间的动摩擦因数为 μ，斜面长为 L。求：（1）物块所受各个力对物块做的功。（2）物块所受合力做的功。

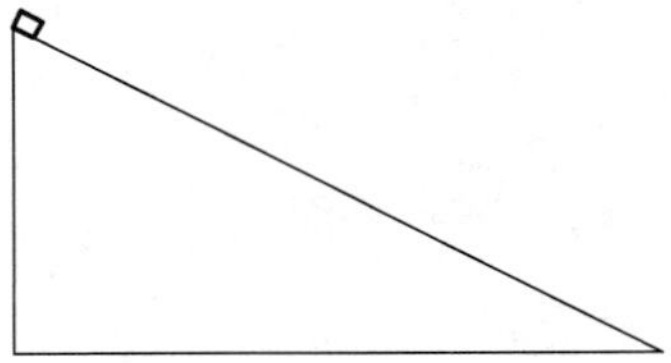

图 3-1-7　3 号题

4 号题：用钢索吊起质量为 m 的物体。（1）当物体匀速升高 h 时，求：物体所受拉力与重力做的功（不计空气阻力）；（2）若物体以加速度 a 匀加速升高 h 时，求：物体所受拉力和重力对重物做的功（不计空气阻力）。

第三步：同号同学组成专家组交流。承担同一任务的同学分别就近集中进行交流，每个专家组不得少于 4 人，不多于 6 人（可参考图 3-1-8 座位表）并确保本组每一个同学都掌握后，自动坐回到自己的位置。（4 分钟）

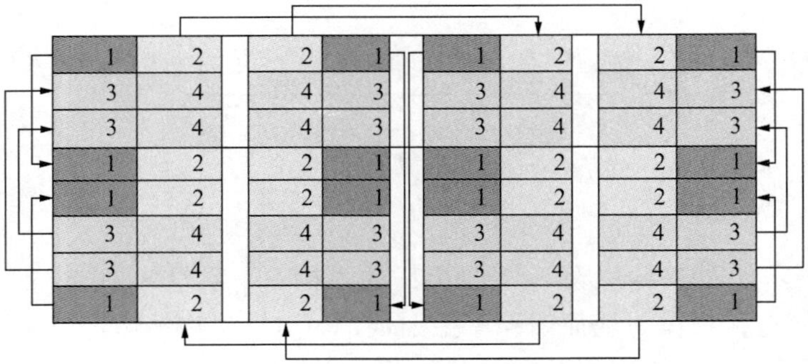

图 3-1-8　专家组集中交流表

第四步：重回基组交流。组内每位同学学会后回到原来基组，向组内其他组员讲解你学到的，其他同学倾听、理解和记录，并轮流进行。汇报讲解时简洁明了，不要说与问题无关的话，直到全组成员都理解你的讲解为止。（5 分钟）

第五步：汇报合作学习成果。老师随机抽查某一组一位同学汇报合作学习结果，其他组补充。（4分钟）

第六步：小组评估与评价。（2分钟）

第七步：小组总结与反馈。

（八）教学中要注意事项

（1）专家组人数不可过多，必要时同号的专家组可以分成几个小组。

（2）学生讨论时要强调头对头低声交流，并按编号顺序轮流发言。

（3）每位同学都必须尽责完成自己的任务，并教给基组的其他同学，达到积极的相互依赖。

（4）教师应在专家组讨论时不断巡查，给予必要的帮助。

（5）汇报结果时，应抽查学生汇报自己研究任务以外的任意一项任务，避免学生只关注自己的任务，也能有效检测小组合作是否到位。

案例4　构建竖直平面内的圆周运动模型

（一）合作学习任务

构建竖直平面内的圆周运动模型。

（二）合作原因

竖直方向上的圆周运动是高中物理的一个重要模型，能够将动能定理、能量守恒、向心力公式、临界条件进行整合，还可以与平抛运动、直线运动进行任意拼接。由于是复习拓展课，学生通过对圆周运动的重新认识，可提高学生分析和解决问题的能力。若采用讲授式，不能调动学生自主学习内在动机，不能自主构建模型，不利于培养学生的科学探究和科学思维的核心素养。因为学生已经有一定的理论知识，难点是如何将这些知识点进行衔接和整合，突破边缘问题，采用合作学习（4个平行情景→小组内部分别研究→组间讨论共性→提出共同模式），同伴之间思维碰撞，更有利于促进学习内在动机，主动学习，建立信心，获得成就感。

（三）教学目标、学情分析和合作教学方法（见表 3-1-2）

表 3-1-2　教学目标、学情分析和合作教学方法

项	教学目标	学情分析	合作教学方法
物理观念	综合运用动能定理、向心力公式、竖直方向做圆周运动的临界条件解决问题	1. 学生已经掌握动能定理、向心力公式。但在理解经过各点的临界条件时容易混淆。 2. 学生在理解小球经过竖直方向各点时，对重力、弹力进行力的分解求向心力时，需要方法的指导	采用卡甘合作学习法。 1. 典型情景→小组内部分别研究→组间讨论共性→提出共同模式。 2. 让学生对所有题型充分思考，体验过程和方法，公平参加活动，并获得成就感
科学思维	1. 建立小球在竖直方向的轻绳模型和单轨模型。 2. 归纳出竖直方向各点向心力公式及临界条件	1. 学生对小球运动到最高点、最低点的情况比较熟悉，但对理解过其他点的临界条件存在畏惧心理。 2. 全过程列动能定理的思维方式还需要反复练习	1. 同桌、前后排为一个小组，四位同学分别做四个题型。 2. 组间交流，确保每位同学将四个题型都能够弄明白。 3. 全班交流，思维碰撞，总结归纳
科学探究	探究小球过竖直方向各点的临界条件，寻求证据，并与同伴进行讨论	学生对恰好过最高点的临界条件非常熟悉，但小球过其他点的临界条件学生解释不清	运用已知知识向未知领域逐步外推
科学态度与责任	1. 培养学生有理有据、实事求是的态度。 2. 培养学生与人交流、团队合作的能力和责任感	学生喜欢倾听老师讲课，但对其他同学的建议不善于倾听并从中发现问题，获得灵感	1. 在讨论过程中，往往会暴露出学生的认知错误，使其茅塞顿开，教师可以监控并在适当时候给出提示。 2. 对不参与合作的同学，需要耐心指导，鼓励他先倾听再参与讨论

（四）合作类型

正式的大合作（评价）。

（五）合作时间

45 分钟。

（六）合作方法

目标协同结构法。

（七）合作步骤

第一步：课前自主学习，所有成员自主学习并回答以下问题：

（1）什么是动能定理？

（2）什么是向心力公式？

（3）小球做圆周运动过最高点的表达式？

第二步：教师聚焦这节课所用的知识、规律和方法。（5 分钟）

第三步：按异质分组原则，每 4 人编为一小组并编号 1、2、3、4，每位同学按编号在 5 分钟内完成自己所承担的任务（见表 3-1-3）。

表 3-1-3　小组合作学习任务

模型	示意图	能量关系		向心力与速度关系		临界条件	
轻绳	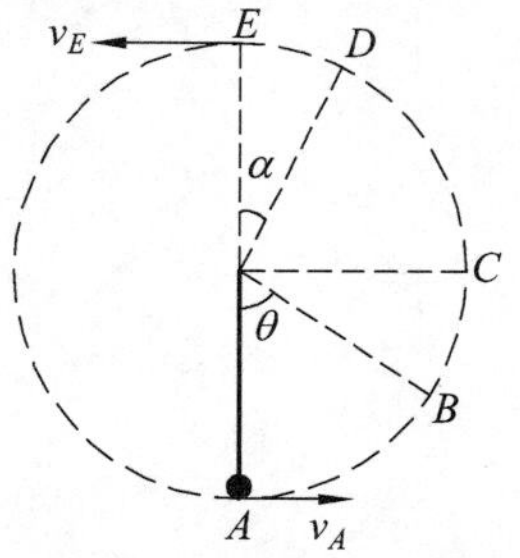	—		A		A	
		A→B		B		B	
		A→C		C		C	
		A→D		D		D	
		A→E		E		E	
平面-圆轨道	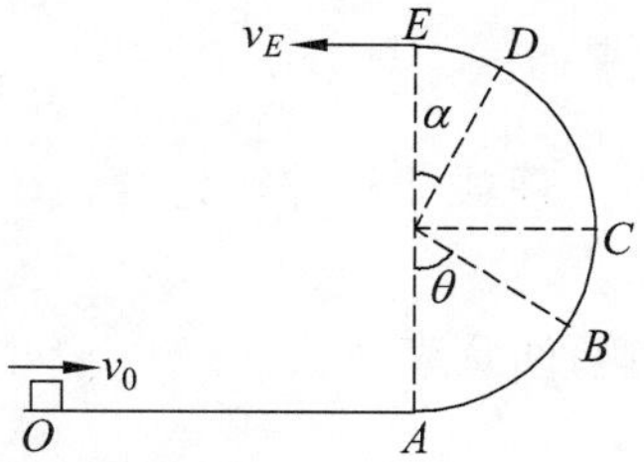	O→A		A		A	
		O→B		B		B	
		O→C		C		C	
		O→D		D		D	
		O→E		E		E	
斜面-圆轨道	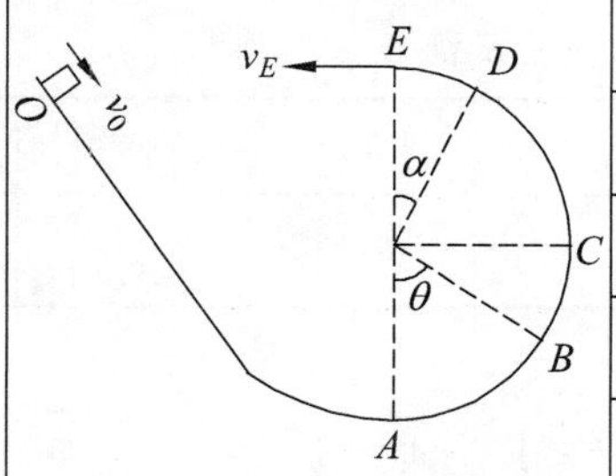	O→A		A		A	
		O→B		B		B	
		O→C		C		C	
		O→D		D		D	
		O→E		E		E	

续表

模型	示意图	能量关系		向心力与速度关系		临界条件	
自由落体-圆轨道	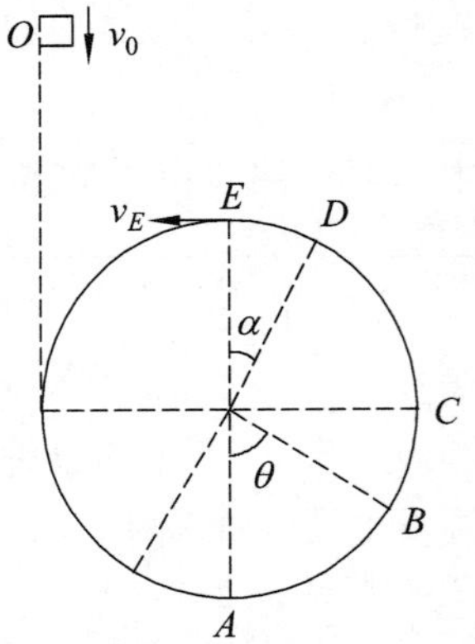	O→A		A		A	
		O→B		B		B	
		O→C		C		C	
		O→D		D		D	
		O→E		E		E	

1 号同学研究：细绳使小球在竖直平面内做圆周运动（见图 3-1-9）。

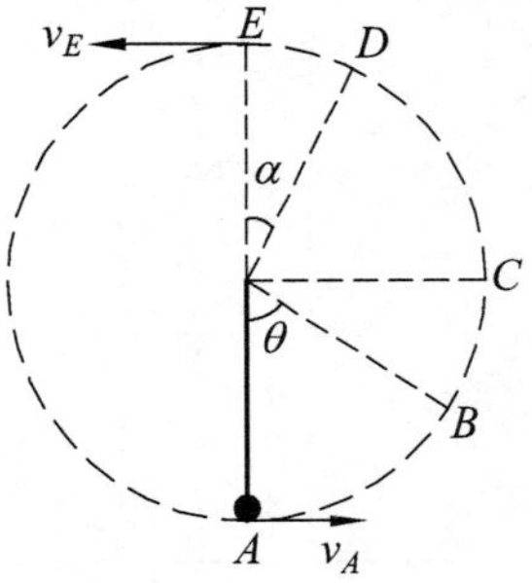

图 3-1-9　1 号题

（1）写出从 A 位置运动到各点的动能定理或能量守恒定律。

（2）写出各点的向心力与速度关系式。

（3）写出恰好经过各点的临界状态的条件及表达式。

评价和反馈（见表 3-1-4）：

表 3-1-4　1 号题评价反馈表

错误及更正	补充	签名

1 号同学答案预测（见表 3-1-5）：

设绳的拉力为 T，半径 R，质量 m，重力加速度 g。

表 3-1-5　1 号同学答案预测

过程	能量关系	向心力与速度关系		经过各点的临界条件	
—	—	A	$T-mg=m\frac{v_A^2}{R}$	A	—
$A\to B$	$\frac{1}{2}mv_A^2=mgR(1-\cos\theta)+\frac{1}{2}mv_B^2$	B	$T-mg\cos\theta=m\frac{v_B^2}{R}$	B	$v_B=0$ $\frac{1}{2}mv_A^2=mgR(1-\cos\theta)$
$A\to C$	$\frac{1}{2}mv_A^2=mgR+\frac{1}{2}mv_C^2$	C	$T=m\frac{v_C^2}{R}$	C	$T=0$ $v_C=0$ $\frac{1}{2}mv_A^2=mgR$
$A\to D$	$\frac{1}{2}mv_A^2=mgR(1+\cos\alpha)+\frac{1}{2}mv_D^2$	D	$T+mg\cos\alpha=m\frac{v_D^2}{R}$	D	$T=0$ $mg\cos\alpha=m\frac{v_D^2}{R}$ $v_D=\sqrt{gR\cos\alpha}$ $\frac{1}{2}mv_A^2=mgR(1+\cos\alpha)+\frac{1}{2}mv_D^2$
$A\to E$	$\frac{1}{2}mv_A^2=2mgR+\frac{1}{2}mv_E^2$	E	$T+mg=m\frac{v_E^2}{R}$	E	$T=0$ $mg=m\frac{v_E^2}{R}$ $v_E=\sqrt{gR}$ $\frac{1}{2}mv_A^2=2mgR+\frac{1}{2}mv_E^2$

2 号同学研究：物体从 O 点以 v_0 进入光滑的水平轨道和圆轨道（见图 3-1-10）。

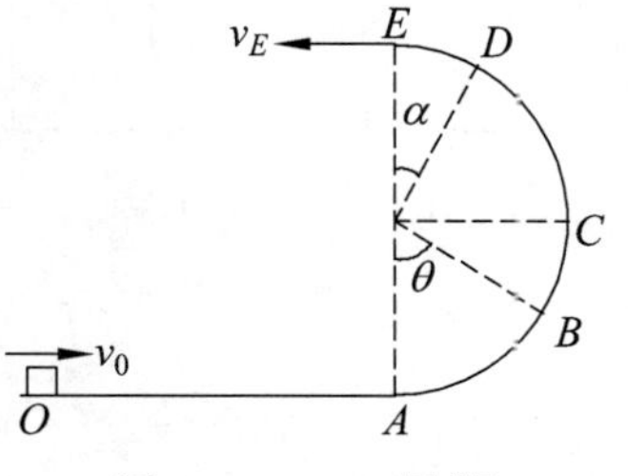

图 3-1-10　2 号题

（1）写出从 A 位置运动到各点的动能定理或能量守恒定律。

（2）写出各点的向心力与速度关系式。

（3）写出恰好经过各点的临界状态的条件及表达式。

评价和反馈（见表 3-1-6）：

表 3-1-6　2 号题评价反馈表

错误及更正	补充	签名

2 号同学答案预测（见表 3-1-7）：

设轨道作用力为 T，半径 R，质量 m，重力加速度 g。

表 3-1-7　2 号同学答案预测

过程	能量关系	向心力与速度关系		经过各点的临界条件	
$O\to A$	—	A	$T-mg=m\frac{v_A^2}{R}$	A	—
$O\to B$	$\frac{1}{2}mv_O^2=mgR(1-\cos\theta)+\frac{1}{2}mv_B^2$	B	$T-mg\cos\theta=m\frac{v_B^2}{R}$	B	$v_B=0$ $\frac{1}{2}mv_A^2=mgR(1-\cos\theta)$
$O\to C$	$\frac{1}{2}mv_O^2=mgR+\frac{1}{2}mv_C^2$	C	$T=m\frac{v_C^2}{R}$	C	$T=0$ $v_C=0$ $\frac{1}{2}mv_A^2=mgR$
$O\to D$	$\frac{1}{2}mv_O^2=mgR(1+\cos\alpha)+\frac{1}{2}mv_D^2$	D	$T+mg\cos\alpha=m\frac{v_D^2}{R}$	D	$T=0$ $mg\cos\alpha=m\frac{v_D^2}{R}$ $v_D=\sqrt{gR\cos\alpha}$ $\frac{1}{2}mv_A^2=mgR(1+\cos\alpha)+\frac{1}{2}mv_D^2$
$O\to E$	$\frac{1}{2}mv_O^2=2mgR+\frac{1}{2}mv_E^2$	E	$T+mg=m\frac{v_E^2}{R}$	E	$T=0$ $mg=m\frac{v_E^2}{R}$ $v_E=\sqrt{gR}$ $\frac{1}{2}mv_A^2=2mgR+\frac{1}{2}mv_E^2$

3 号同学研究：物体从 O 点以 v_0 进入光滑的斜面轨道和圆轨道，斜面轨道与圆轨道相切（见图 3-1-11）。

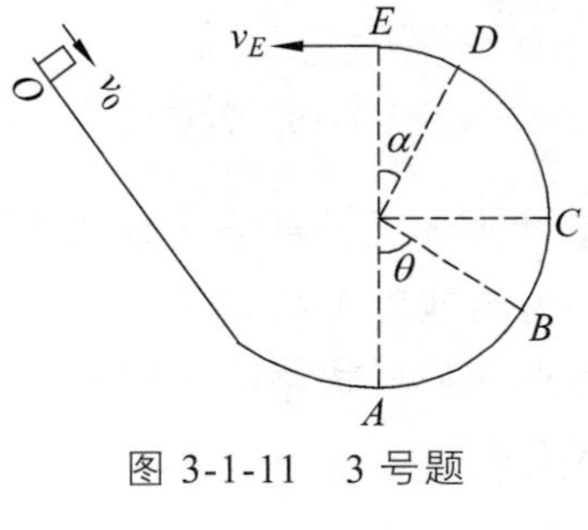

图 3-1-11　3 号题

（1）写出从 A 位置运动到各点的动能定理或能量守恒定律。

（2）写出各点的向心力与速度关系式。

（3）写出恰好经过各点的临界状态的条件及表达式。

评价和反馈（见表 3-1-8）：

表 3-1-8　3 号题评价反馈表

错误及更正	补充	签名

3 号同学答案预测（见表 3-1-9）：

设轨道作用力为 T，半径 R，质量 m，重力加速度 g，O 距离 A 的竖直高度 h。

表 3-1-9　3 号同学答案预测

过程	能量关系	向心力与速度关系		经过各点的临界条件	
$O\to A$	$mgh=\frac{1}{2}mv_A^2$	A	$T-mg=m\frac{v_A^2}{R}$	A	—
$O\to B$	$mgh-mgR(1-\cos\theta)=\frac{1}{2}mv_B^2-\frac{1}{2}mv_0^2$	B	$T-mg\cos\theta=m\frac{v_B^2}{R}$	B	$v_B=0$ $mgh-mgR(1-\cos\theta)=0-\frac{1}{2}mv_0^2$
$O\to C$	$mg(h-R)=\frac{1}{2}mv_C^2-\frac{1}{2}mv_0^2$	C	$T=m\frac{v_C^2}{R}$	C	$T=0$ $v_C=0$ $mg(h-R)=0-\frac{1}{2}mv_0^2$
$O\to D$	$mgh-mgR(1+\cos\alpha)=\frac{1}{2}mv_D^2-\frac{1}{2}mv_0^2$	D	$T+mg\cos\alpha=m\frac{v_D^2}{R}$	D	$T=0$ $mg\cos\alpha=m\frac{v_D^2}{R}$ $v_D=\sqrt{gR\cos\alpha}$ $mgh-mgR(1+\cos\alpha)=\frac{1}{2}mv_D^2-\frac{1}{2}mv_0^2$
$O\to E$	$mg(h-2R)=\frac{1}{2}mv_E^2-\frac{1}{2}mv_0^2$	E	$T+mg=m\frac{v_E^2}{R}$	E	$T=0$ $mg=m\frac{v_E^2}{R}$ $v_E=\sqrt{gR}$ $mg(h-2R)=\frac{1}{2}mv_E^2-\frac{1}{2}mv_0^2$

4 号同学研究：物体从 O 点自由落体进入光滑圆轨道（见图 3-1-12）。

（1）写出从 A 位置运动到各点的动能定理或能量守恒定律。

（2）写出各点的向心力与速度关系式。

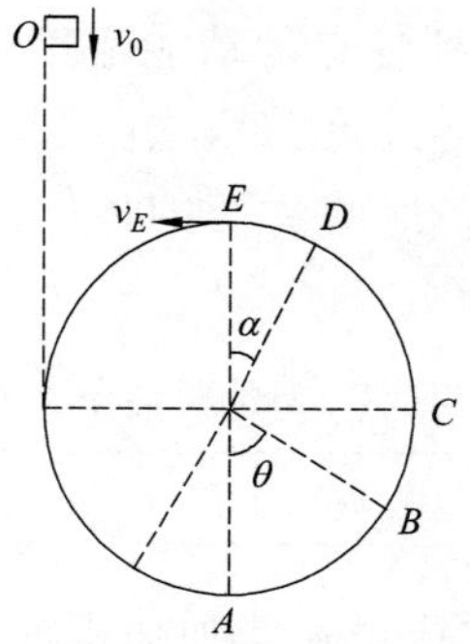

图 3-1-12　4 号题

（3）写出恰好经过各点的临界状态的条件及表达式。

评价和反馈（见表 3-1-10）：

表 3-1-10　4 号题评价反馈表

错误及更正	补充	签名

4 号同学答案预测（见表 3-1-11）：

设轨道作用力为 T，半径 R，质量 m，重力加速度 g，O 距离 A 的竖直高度 h。

表 3-1-11　4 号同学答案预测

过程	能量关系	向心力与速度关系		经过各点的临界条件	
$O\to A$	$mgh=\frac{1}{2}mv_A^2$	A	$T-mg=m\frac{v_A^2}{R}$	A	—
$O\to B$	$mgh-mgR(1-\cos\theta)=\frac{1}{2}mv_B^2-\frac{1}{2}mv_0^2$	B	$T-mg\cos\theta=m\frac{v_B^2}{R}$	B	$v_B=0$ $mgh-mgR(1-\cos\alpha)=0-\frac{1}{2}mv_0^2$
$O\to C$	$mg(h-R)=\frac{1}{2}mv_C^2-\frac{1}{2}mv_0^2$	C	$T=m\frac{v_C^2}{R}$	C	$T=0$ $v_C=0$ $mg(h-R)=0-\frac{1}{2}mv_0^2$
$O\to D$	$mgh-mgR(1+\cos\alpha)=\frac{1}{2}mv_D^2-\frac{1}{2}mv_0^2$	D	$T+mg\cos\alpha=m\frac{v_D^2}{R}$	D	$T=0$ $mg\cos\alpha=m\frac{v_D^2}{R}$ $v_D=\sqrt{gR\cos\alpha}$ $mgh-mgR(1+\cos\alpha)=\frac{1}{2}mv_D^2-\frac{1}{2}mv_0^2$
$O\to E$	$mg(h-2R)=\frac{1}{2}mv_E^2-\frac{1}{2}mv_0^2$	E	$T+mg=m\frac{v_E^2}{R}$	E	$T=0$ $mg=m\frac{v_E^2}{R}$ $v_E=\sqrt{gR}$ $mg(h-2R)=\frac{1}{2}mv_E^2-\frac{1}{2}mv_0^2$

第四步：同号同学组成专家组：各组1、2、3、4号同学分别就近集中组成专家组进行交流，每个专家组不得少于4人，不多于6人，并确保本组每一个同学都掌握该组承担的任务。（5分钟）

第五步：重回基组交流：组内每位同学学会后回到原来的基组，向组内其他组员汇报、讲解你学到的，其他同学倾听、理解和记录，并轮流进行。汇报讲解时简洁明了，不要说与问题无关的话，直到全组成员都理解你的讲解为止。（20分钟）

第六步：汇报合作学习成果：老师随机抽查某一组一位同学汇报合作学习结果，其他组补充。（5分钟）

第七步：师生互动，交流观点 ，总结4种场景的共性（3分钟）

（八）教学中注意事项

（1）做题：促进学生接触不同场景的题型，运用各种力学规律，培养技能。部分学生面对新的场景有恐惧心理，找不到切入点。

解决办法：先单独做题，再两个同学讨论，最后小组讨论。

（2）交流：带着问题讨论，培养交流能力，开阔眼界。个别同学会偏离主题。

解决办法：教师监控，发现问题及时处理。

（3）评价：部分学生不会评价，不会发现问题，不实事求是地提建议。

解决办法：教师反复强调评价的作用，建议要客观，发现错误要指出来，才能共同进步。

案例5　从三个角度构建碰撞模型

（一）合作学习任务

从动力学关系、动量关系、能量关系三个角度构建碰撞模型。

（二）合作原因

由于国内大部分班级人数超过60人，在高三物理备考复习课堂上，教师基本上采用的是讲授式，为了赶进度，扩展学生的知识面，教师不停地讲，没有留给学生充分思考时间，往往学生第一个问题还没有听明白，老师就讲到第二个问题了，造成学生学习效率低下，模型建构能力较差，科学推理逻辑不严谨。采用小组合作学习使学生主动思考，更善于归纳总结，利用课堂有限的时间，将认知上升到一个新高度，通过生生之间的交流合作，构建出自己的物理模型框架，这对培养学生核心素养中的科学思维有很大的帮助。

本案例从三个角度（动力学、动量、能量）构建“碰撞模型”复习教学为例，谈谈基于核心素养背景下高中物理学科备考教学设计与思考。力学中三大观点是指动力学观点、动量观点和能量观点。动力学观点主要是牛顿运动定律和运动学公式，动量观点主要是动量定理和动量守恒定律，能量观点包括动能定理、机械能守恒定律和能量守恒定律。类碰撞问题过程复杂、综合性强，能较好地考查应用有关规律分析和解决综合问题的能力。通过对碰撞问题的重新认识，通过典型例题→模式→模型的运用，达到在课堂上多题归一，提炼模型本质，课后举一反三，形成能力的目的。

（三）合作目标、学情分析、合作方法（见表 3-1-12）

表 3-1-12　合作目标、学情分析和合作方法

项目	教学基本观点	学情分析	教学策略
物理观念	1. 动力学观点：研究 v、a、t、s，优先使用牛顿第二定律。 2. 动量观点：研究碰撞、爆炸、反冲和板块模型，采用动量守恒定律。 3. 能量观点：不涉及 a 和 t，无论是恒力还是变力做功，优先考虑用动能定理、能量转化守恒定律求解	1. 学生在复习之前，已经掌握了很多相关知识，但在碰到实际场景时，不能得心应手地运用规律，思路不清，张冠李戴。 2. 学生在面对复杂场景时，会被过程中复杂的关系困惑，抓不住规律的本质	采用卡甘合作学习法，学生互评，互学，通过对 8 种情景的思考，体会从 3 种角度在同一场景中的运用，使学生在学习过程中获得成就感
科学思维	1. 从不同的场景中提炼出碰撞模型。 2. 科学归纳出类碰撞模型的解题规律	1. 学生对运动小球撞静止小球的模型非常熟悉。当遇到类碰撞模型就不知道如何下手。 2. 从复杂场景中提取模型，并运用其规律解决问题对学生来讲是一个挑战	1. 以 64 人的班级为例根据教室布置，每一排 8 位同学，同一横排同学思考同一种场景，每一纵列的同学思考不同的场景（共 8 个场景）。 2. 每一排场景相同，左右交流。 3. 每一列场景不同。每一列 8 位同学聚合在教室 8 个地点，相互交流。 4. 归位，全班交流，思维碰撞

续表

项目	教学基本观点	学情分析	教学策略
科学探究	1. 体会主动参与，发现问题、解决问题的过程。 2. 每一位同在思考场景的过程中和周围的同学进行交流与合作，获得发现和改进建议等方面内容。体验运用科学的方法，发现和总结规律的过程	学生在平时学习过程中，交流较少，而且很少关注别人的想法	在教学过程中引导学生学会倾听，善于发现，乐于交流。培养独立思考，战胜困难的能力
科学态度与责任	1. 从8个场景中获得类碰撞模型的本质。 2. 培养学生在合作学习中实事求是，平等交流，尊重别的意见，经得起同伴的批评和建议	1. 学生喜欢随口说出一些规律，没有逻辑性。 2. 学生喜欢得到别人的帮助，不愿倾听别人的提问，思考问题，帮助别人，不想交流	1. 要求小组共同完成报告，督促每个学生不断解决问题，从帮助别人的过程中提高自己。 2. 对不合作的同学耐心鼓励和引导，强调合作的重要性

（四）合作类型

正式的大合作。

（五）合作时间

40分钟。

（六）合作方法

目标协同结构法。

（七）基于核心素养的合作学习教学过程

分组：以64人大班为例，全班分为8行8列，每一行为一个小组，共8个小组。每一列也为一个小组，也为8个小组，每一位同学充当两个角色，既是横行小组组员又是纵列小组组员，每一列的第一位同学为列长，每一横行的第一位同学为行长。

1. 前置性自主合作探究学习：复习运动小球撞静止小球的模型（见图3-1-13，课前完成，教师课堂聚焦知识方法5分钟，不评价）

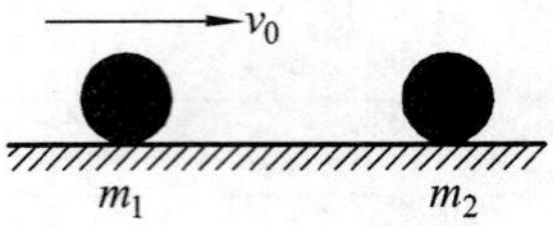

图 3-1-13　运动小球撞静止小球模型

（1）弹性碰撞模型。

运动学关系：

动量关系：

能量关系：

【教学参考】

运动学关系：

$$m_1：\ \overline{a}_1=\frac{v_1-v_0}{t} \qquad m_2：\ \overline{a}_2=\frac{v_2}{t}$$

$$m_1：\ v_1=v_0+\overline{a}_1 t \qquad m_2：\ v_2=\overline{a}_2 t$$

由于碰撞时间极其短暂，可认为碰撞过程中两球位置几乎不变。

动量关系：

动量定理　$m_1：\ -F_1 t=m_1 v_1-m_1 v_0$

$m_2：\ Ft=m_2 v_2$

动量守恒　$m_1 v_0=m_1 v_1+m_2 v_2$

能量关系：

能量守恒　$\Delta E_k=\frac{1}{2}m_1 v_0^2-\left(\frac{1}{2}m_1 v_1^2+\frac{1}{2}m_2 v_2^2\right) \qquad \Delta U=\Delta E_k$

（2）完全非弹性碰撞。

运动学关系：

动量关系：

能量关系：

【教学参考】

运动学关系：

$$m_1：\ \overline{a}_1=\frac{v_{共}-v_0}{t} \qquad m_2：\ \overline{a}_2=\frac{v_{共}}{t}$$

$$m_1：\ v_{共}=v_0+\overline{a}_1 t \qquad m_2：\ v_{共}=\overline{a}_2 t$$

由于碰撞时间极其短暂，可认为碰撞过程中两球位置几乎不变。

动量关系：

动量定理　　m_1：$-Ft = m_1v_{共} - m_1v_0$

　　　　　　m_2：$Ft = m_2v_{共}$

动量守恒　　$m_1v_0 = (m_1 + m_2)v_{共}$

能量关系：

能量守恒　　$\Delta E_{k减} = \frac{1}{2}m_1v_0^2 - \frac{1}{2}(m_1 + m_2)v_{共}^2$　　$\Delta U = \Delta E_{k减}$

2. 课堂合作与探究学习（30 分钟）

第一步：独立思考，从动力学、动量、能量三个角度探究同一个模型。根据教室布置（以 64 人教室为例，8 行 8 列），每一排 8 位同学，同一横排同学思考表 3-1-13 中同一种场景，每一纵列的同学思考表 3-1-13 中不同的场景，共 8 个场景。（5 分钟）

表 3-1-13　合作学习任务清单

<table>
<tr><th>分工</th><th>模型</th><th colspan="2">规律（学生自主填写）</th></tr>
<tr><td rowspan="4">共同研究</td><td colspan="3">地面光滑，m_2 静止，m_1 以 v_0 的速度向右运动，碰撞后，m_1 和 m_2 共同向右运动：</td></tr>
<tr><td rowspan="3">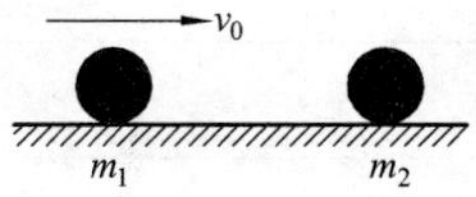
</td><td>动力学观点</td><td></td></tr>
<tr><td>动量观点</td><td></td></tr>
<tr><td>能量观点</td><td></td></tr>
<tr><td rowspan="4">第一排
A 同学</td><td colspan="3">地面光滑，m_2 静止，m_1 以 v_0 的速度向右运动，碰撞后，m_1 和 m_2 共同向右运动：</td></tr>
<tr><td rowspan="3">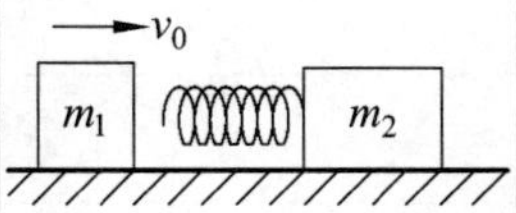
</td><td>动力学观点</td><td></td></tr>
<tr><td>动量观点</td><td></td></tr>
<tr><td>能量观点</td><td></td></tr>
<tr><td rowspan="4">第二排
B 同学</td><td colspan="3">地面光滑，m_2 静止，m_1 以 v_0 的速度向右运动，作用一段时间后，m_1，m_2 共同向右运动：</td></tr>
<tr><td rowspan="3">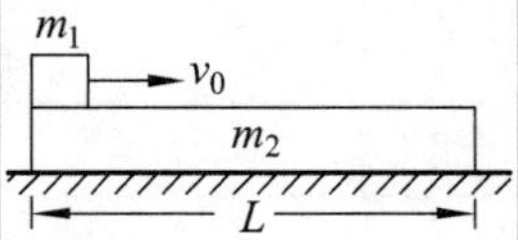
</td><td>动力学观点</td><td></td></tr>
<tr><td>动量观点</td><td></td></tr>
<tr><td>能量观点</td><td></td></tr>
</table>

续表

分工	模型	规律（学生自主填写）	
第三排 C 同学	地面光滑，m_2 静止，m_1 以 v_0 的速度向右运动，m_1 进入后留在 m_2 内，m_1、m_2 共同向右运动：		
	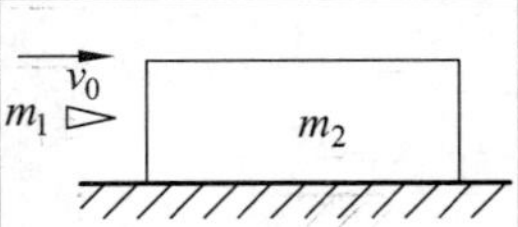	动力学观点	
		动量观点	
		能量观点	
第四排 D 同学	地面光滑，m_2 静止，m_1 以 v_0 的速度向右运动，当 m_1 运动到最高点时：		
	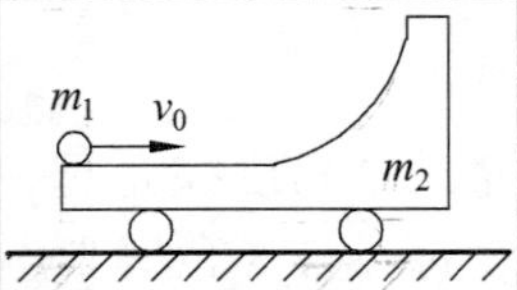	动力学观点	
		动量观点	
		能量观点	
第五排 E 同学	地面光滑，m_2 静止，m_1 以 v_0 的速度向右运动，当 m_1 运动到最高点时：		
	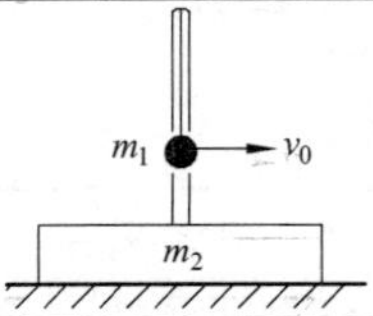	动力学观点	
		动量观点	
		能量观点	
第六排 F 同学	地面光滑，m_2 静止，m_1 以 v_0 的速度向右运动，当 m_1 运动到最高点时：		
	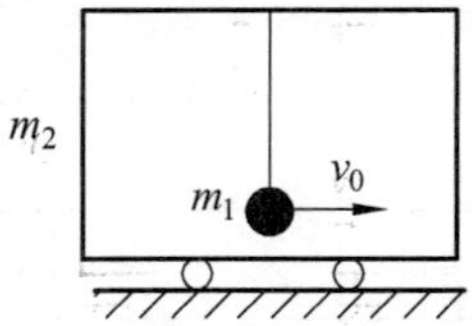	动力学观点	
		动量观点	
		能量观点	
第七排 G 同学	杆光滑，m_1 以 v_0 的速度向右运动，当 m_1 运动到最高点时：		
	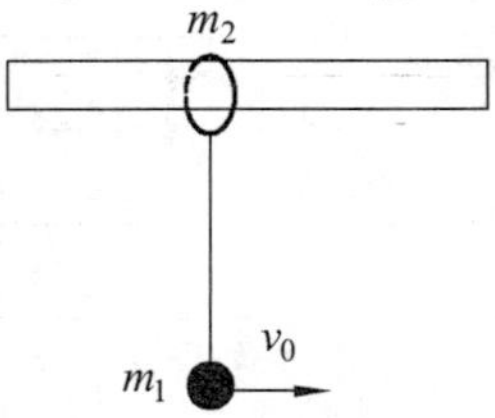	动力学观点	
		动量观点	
		能量观点	
第八排 H 同学	轨道光滑，m_2 静止，m_1 以 v_0 的速度向右运动，当 m_1、m_2 共同向右运动时：		
	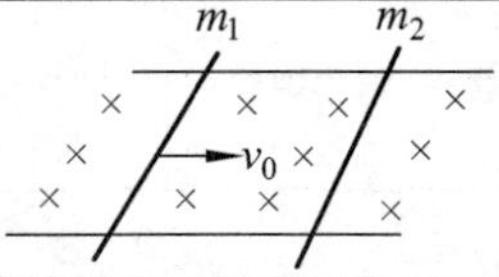	动力学观点	
		动量观点	
		能量观点	

第二步：每一排坐在原位相互左右交流，弄清楚同一个模型，保证每一排的同学将同一场景弄清楚。（5 分钟）

第三步：每一列 8 位同学就近集中进行交流，向组内其他组员汇报、讲解你学到的，其他同学倾听、理解和记录，并轮流进行。汇报讲解时简洁明了，不要说与问题无关的话，直到全组成员都理解你的讲解为止。（20 分钟）

第四步：汇报合作学习成果：老师随机抽查某一列的一位同学汇报你组的合作学习结果，其他小组补充。教师总结，多场景归一，回归课本“运动小球撞静止小球”的模型，使学生拨云见日，豁然开朗。（10 分钟）

【教学参考】

表 3-1-14 合作学习任务参考

分工	模型	规律（学生自主填写）	
共同研究	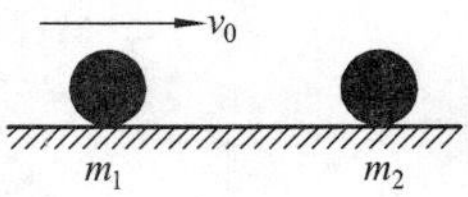	动力学观点	m_1：$\bar{a}_1=\frac{v_{共}-v_0}{t}$ m_2：$\bar{a}_2=\frac{v_{共}}{t}$ m_1：$v_{共}=v_0+\bar{a}_1t$ m_2：$v_{共}=\bar{a}_2t$ 由于碰撞时间极其短暂，可认为碰撞过程中两球位置几乎不变。
		动量观点	动量定理 m_1：$-Ft=m_1v_{共}-m_1v_0$ m_2：$\bar{F}t=m_2v_{共}$ 动量守恒 $m_1v_0=(m_1+m_2)v_{共}$
		能量观点	$\Delta E_{k减}=\frac{1}{2}m_1v_0^2-\frac{1}{2}(m_1+m_2)v_{共}^2$ $\Delta U=\Delta E_{k减}$
第一排 A 同学	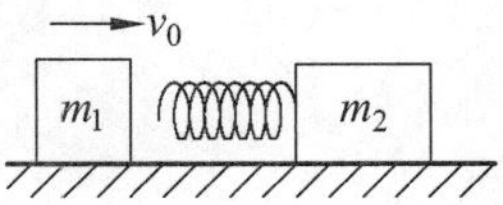	动力学观点	m_1：$\bar{a}_1=\frac{v_{共}-v_0}{t}$ m_2：$\bar{a}_2=\frac{v_{共}}{t}$ m_1：$v_{共}=v_0+\bar{a}_1t$ m_2：$v_{共}=\bar{a}_2t$
		动量观点	动量定理 m_1：$-Ft=m_1v_{共}-m_1v_0$ m_2：$\bar{F}t=m_2v_{共}$ 动量守恒 $m_1v_0=(m_1+m_2)v_{共}$
		能量观点	$\Delta E_{k减}=\frac{1}{2}m_1v_0^2-\frac{1}{2}(m_1+m_2)v_{共}^2$ $\Delta E_{p弹}=\Delta E_{k减}$

续表

<table>
<tr><th>分工</th><th>模型</th><th colspan="2">规律（学生自主填写）</th></tr>
<tr><td rowspan="3">第二排
B 同学</td><td rowspan="3">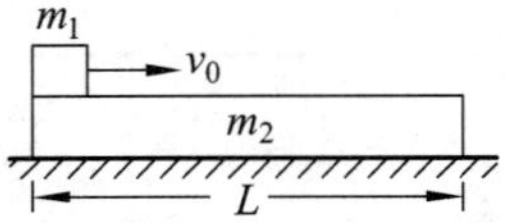
</td><td>动力学观点</td><td>m_1： $a_1=\dfrac{v_{共}-v_0}{t}$　　m_2： $a_2=\dfrac{v_{共}}{t}$
m_1： $v_{共}=v_0+a_1t$　　m_2： $v_{共}=a_2t$
m_1： $s_1=v_0t+\dfrac{1}{2}a_1t^2$　m_2： $s_2=\dfrac{1}{2}a_2t^2$
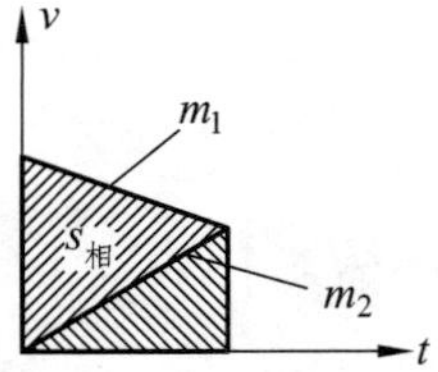
</td></tr>
<tr><td>动量观点</td><td>动量定理 m_1： $-Ft=m_1v_{共}-m_1v_0$
m_2： $Ft=m_2v_{共}$
动量守恒 $m_1v_0=(m_1+m_2)v_{共}$</td></tr>
<tr><td>能量观点</td><td>动能定理 m_1： $-fs_1=\dfrac{1}{2}m_1v_1^2-\dfrac{1}{2}m_1v_0^2$
m_2： $fs_2=\dfrac{1}{2}m_1v_2^2$
$s_{相}=s_1-s_2$
$fs_{相}=\dfrac{1}{2}m_1v_0^2-\dfrac{1}{2}(m_1+m_2)v_{共}^2$
$\Delta E_{k减}=\dfrac{1}{2}m_1v_0^2-\dfrac{1}{2}(m_1+m_2)v_{共}^2$
$Q=\mu m_1gs_{相}=fs_{相}=\Delta E_{k减}$</td></tr>
<tr><td>第三排
C 同学</td><td>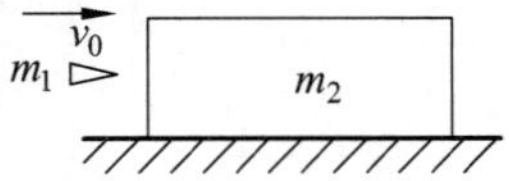
</td><td>动力学观点</td><td>m_1： $a_1=\dfrac{v_{共}-v_0}{t}$　　m_2： $a_2=\dfrac{v_{共}}{t}$
m_1： $v_{共}=v_0+a_1t$　　m_2： $v_{共}=a_2t$
m_1： $s_1=v_0t+\dfrac{1}{2}a_1t^2$　m_2： $s_2=\dfrac{1}{2}a_2t^2$
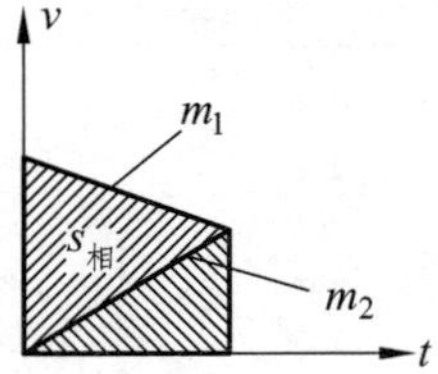
</td></tr>
</table>

续表

分工	模型	规律（学生自主填写）	
第三排 C 同学	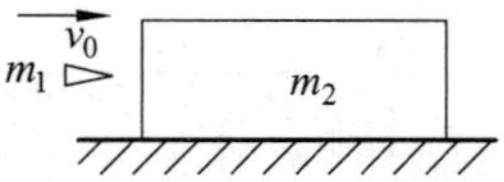	动量观点	动量定理 m_1：$-Ft=m_1v_{共}-m_1v_0$ m_2：$Ft=m_2v_{共}$ 动量守恒 $m_1v_0=(m_1-m_2)v_{共}$
		能量观点	动能定理 m_1：$-fs_1=\frac{1}{2}m_1v_1^2-\frac{1}{2}m_1v_0^2$ m_2：$fs_2=\frac{1}{2}m_1v_2^2$ $s_{相}=s_1-s_2$ $fs_{相}=\frac{1}{2}m_1v_0^2-\frac{1}{2}(m_1+m_2)v_{共}^2$ $\Delta E_{k减}=\frac{1}{2}m_1v_0^2-\frac{1}{2}(m_1+m_2)v_{共}^2$ $Q=fs_{相}=\Delta E_{k减}$
第四排 D 同学	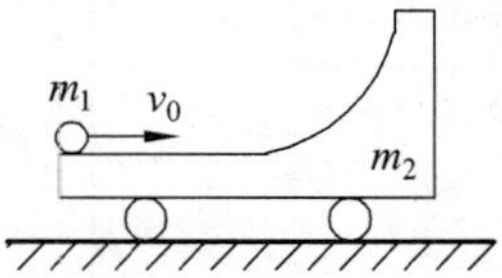	动力学观点	加速度不断变化，不能用运动学公式
		动量观点	动量守恒 $m_1v_0=(m_1-m_2)v_{共}$
		能量观点	$\Delta E_{k减}=\frac{1}{2}m_1v_0^2-\frac{1}{2}(m_1+m_2)v_{共}^2$ $\Delta E_p=mgh=\Delta E_{k减}$
第五排 E 同学	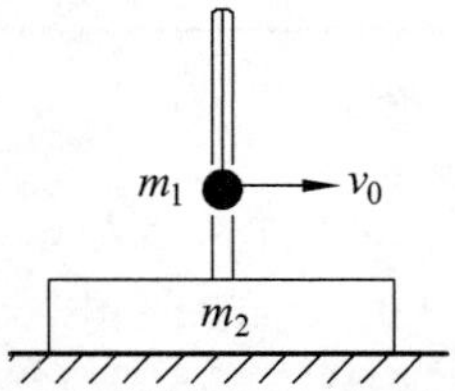	动力学观点	加速度不断变化，不能用运动学公式
		动量观点	动量守恒 $m_1v_0=(m_1+m_2)v_{共}$
		能量观点	$\Delta E_{k减}=\frac{1}{2}m_1v_0^2-\frac{1}{2}(m_1+m_2)v_{共}^2$ $\Delta E_p=mgh=mgl(1-\cos\theta)=\Delta E_{k减}$
第六排 F 同学	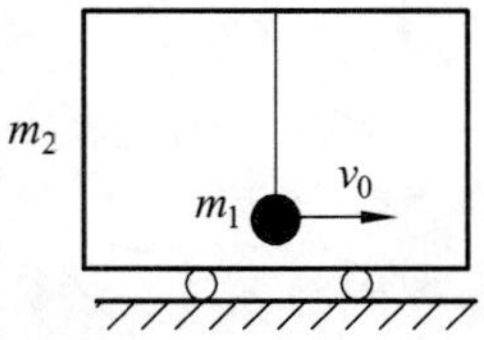	动力学观点	加速度不断变化，不能用运动学公式
		动量观点	动量守恒 $m_1v_0=(m_1+m_2)v_{共}$
		能量观点	$\Delta E_{k减}=\frac{1}{2}m_1v_0^2-\frac{1}{2}(m_1+m_2)v_{共}^2$ $\Delta E_p=mgh=mgl(1-\cos\theta)=\Delta E_{k减}$
第七排 G 同学	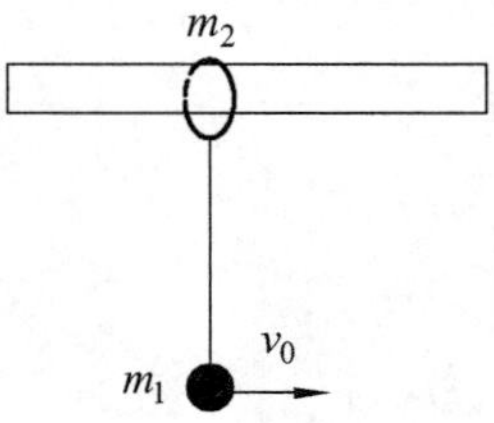	动力学观点	加速度不断变化，不能用运动学公式
		动量观点	动量守恒 $m_1v_0=(m_1+m_2)v_{共}$
		能量观点	$\Delta E_{k减}=\frac{1}{2}m_1v_0^2-\frac{1}{2}(m_1+m_2)v_{共}^2\Delta E_p$ $=mgh$ $=mgl(1-\cos\theta)=\Delta E_{k减}$

续表

分工	模型	规律（学生自主填写）	
第八排H同学	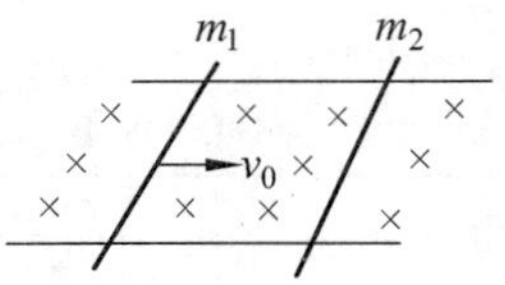	动力学观点	安培力产生加速度不断变化，不能用运动学公式
		动量观点	动量守恒 $m_1v_0=(m_1+m_2)v_{共}$
		能量观点	$\Delta E_{k减}=\frac{1}{2}m_1v_0^2-\frac{1}{2}(m_1+m_2)v_{共}^2$ $Q_{电}=\Delta E_{k减}$

3. 小组评估与评价（见表 3-1-15，依据课堂表现及学习任务完成情况）

表 3-1-15　小组评价表

评价项目	评价标准（分三个档次：2 分、1 分和 0 分）	分值	个人总分
积极互赖	同舟共济 2 分——一盘散沙 0 分		
平等参与	平等参与 2 分—各干各的 0 分		
个人责任	明显的个人责任 2 分—没有个人责任 0 分		
小组合作技能	有明显的合作技能 2 分—随意合作 0 分		
个人学习成效（根据学案完成情况）	组内每个同学都学会（完成）任务 10 分—都不会 0 分		

4. 练习（时间不够可以留在课后）

如图 3-1-14 所示，滑板 A 放在水平面上，长度为 $L=2$ m，滑块质量 $m_A=1$ kg、$m_B=0.99$ kg，A、B 间粗糙，现有 $m_C=0.01$ kg 的子弹以 $v_0=200$ m/s 速度向右击中 B 并留在其中，求

（1）子弹 C 击中 B 后瞬间，B 速度多大？

（2）若滑块 A 与水平面固定，B 被子弹击中后恰好滑到 A 右端静止，求滑块 B 与 A 间动摩擦因数μ。

（3）若滑块 A 与水平面光滑，B 与 A 间动摩擦因数不变，试分析 B 能否离开 A，并求整个过程 A、B、C 组成的系统损失的机械能。

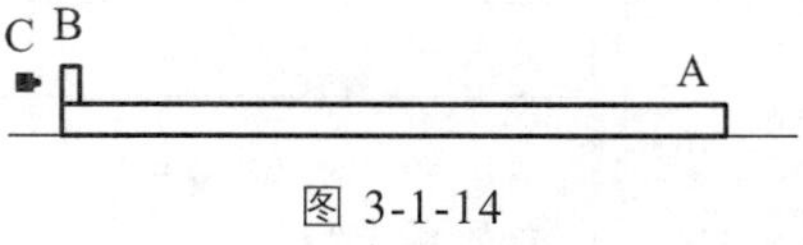

图 3-1-14

答案：（1）2 m/s；（2）$\mu=0.1$；（3）B 不能离开 A，199 J。

设计意图：

（1）让学生分析守恒情况及列方程。

（2）让学生分别运用动能定理、牛顿第二定律和运动学公式、能量转化与守恒定律求解位移并比较各方法优缺点。

（八）教学设计中注意事项

（1）做题：促进学生接触不同场景的题型，运用各种力学规律，培养技能。部分学生面对新的场景有恐惧心理，找不到切入点。

解决办法：先单独做题，再同排8个同学相互讨论，最后同列8人交流。

（2）交流：带着问题讨论，培养交流能力，开阔眼界。个别同学会偏离主题。

解决办法：教师监控，发现问题及时处理。

（3）评价：部分学生不会评价，不会发现问题，不实事求是地提建议。

解决办法：教师反复强调评价的作用，建议要客观，发现错误要指出来，才能共同进步。

（4）归纳：部分学生不会归纳总结，找不出共同点。

解决办法：教师通过课件对8个场景进行总结归纳。

二、切块拼接法①

在“切块拼接法”中，教师把完成任务所需的学习材料、学习资源以及需要付出的劳动分成四块，分派到人，从而形成了一个无人能够凭借个人力量单独完成任务的情境。主要目标是让每个小组都对学习的特定方面承担责任，并和自己的合作伙伴一起分享学习资源。只有当每个成员都完成了自己的任务时，小组的目标才能完成，所以须人人尽责、相互依赖。切块拼接法属于“互助式”的合作学习策略，适用于：（1）可将材料按并列关系切块的事实、概念、原理等中等难度的学习内容；（2）具备一定自学能力的学员；（3）事实性和概念性知识的记忆、理解；（4）单元教学和复习课。

基本步骤：组建基组→独立研究→同号组建专家组交流→重回基组交流→汇报合作成果→评估与评价→小组总结与反馈。

---

① 盛群力，郑淑贞．合作学习设计[M]．杭州：浙江教育出版社，2006：87.

案例 6　研究超重与失重现象

（一）合作学习任务

研究超重和失重现象的条件和本质。

（二）合作原因

本节内容是人教版高中物理必修 1 的最后一节，前一节已经构建了力与运动关系的知识体系，并应用牛顿运动定律解决了一些实际问题。学生已经具备了应用牛顿运动定律的知识与技能，期盼通过这节课能更熟练地应用牛顿运动定律去解析生活中的超重和失重现象。教师若采用传统的讲授式教学，很容易就能把本节内容讲完，但教学效果较差，学生没有经历亲身探究的过程，容易遗忘。而本案例采用切块拼接法进行合作学习，通过观察和分析电梯内的超、失重现象，学生经历了思考、提问、质疑、合作、交流、归纳、总结、建构、操练、评价与评估等过程，学习动机增强，学习能力得到了锻炼与提升。

（三）合作目标

1. 学业目标

（1）通过观察和分析实例，知道什么是超重和失重现象，并探究出产生超重和失重现象的条件。

（2）熟练运用牛顿运动定律解决超重和失重问题。

2. 社会技能目标

（1）小组成员间能彼此提供有效的帮助，交流、分享所需的资源和信息，在学习中学会与他人交流与合作，掌握一定的社会交往技能，提高合作兴趣。

（2）彼此提供反馈信息，以提高合作的绩效，增强分析问题、解决问题、应用实践的能力。

（3）建立积极关系，与同学关爱互信。

（4）促进心理健康，改善自我认知。

（四）合作方法

切块拼接法。

（五）合作类型

正式的大合作。

（六）合作时间

15分钟。

（七）合作步骤

第一步：组建基组。按异质分组原则，每4人编为一小组并编号1、2、3、4，选出本小组的组长，小组长负责管理本小组，分配学习任务。

第二步：观看视频。观看老师播放的电梯在上升与下降过程中的哪个阶段是失重状态，注意观察和记录台秤示数相对于电梯静止时的示数是如何变化的，并判断哪个阶段是超重状态，结果记录在表3-2-1中。

第三步：独立研究。视频中将一台秤置于电梯的水平地面上，台秤上放一质量为 m 的物体，当电梯以大小恒定的加速度做表3-2-1中的4种匀变速运动时，请小组成员按编号1、2、3、4独立分析物体的运动情况，并在图上画出物体受力分析的示意图，应用牛顿运动定律求解不同情况中物体受到的支持力 F_N（即物体对台秤的压力 F_N'）。并思考：① 产生超重和失重现象的条件和本质是什么？② 发生超重或失重现象时，物体自身的重力有没有变化？

第四步：同号同学组成专家组交流。前后4组中相同编号的人（不得少于4人，不多于6人）聚集在一起进行集中交流（见图3-2-1），并确保本专家组每一个同学都掌握这一探究。

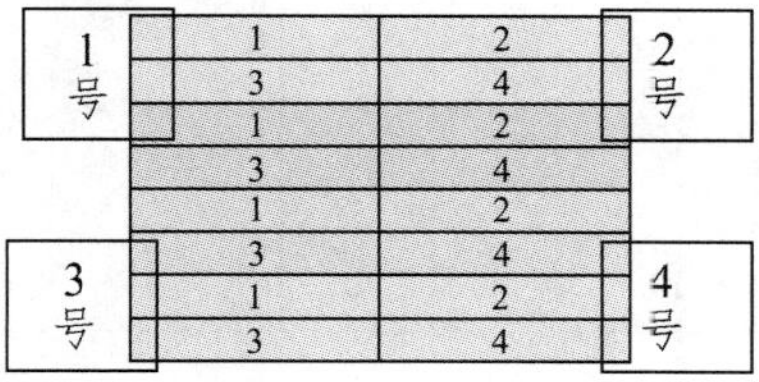

图3-2-1

第五步：回基组汇报。组内每位同学学会后回到原来基组，轮流向组内其他组员汇报、讲解你学到的，其他同学倾听、理解和记录。汇报讲解时简洁明了，不要说与问题无关的话，直到全组成员都理解你的讲解为止。

第六步：汇报合作成果。教师随机抽查某一组某个学生汇报本组研究结果，可以以答题板、黑板板书、PPT（演示文稿）、视频等形式与全班同学分享答案。教师点评。

第七步：合作学习的评价与评估

表 3-2-1　合作学习小组任务

分工	电梯运动情况	台秤示数变化	F_N与G关系	超重/失重	速度v方向	加速度a方向	合外力F方向	用牛顿定律求解支持力F_N的大小（压力F_N'的大小）	产生该现象的条件	本质
小组共同	静止、匀速 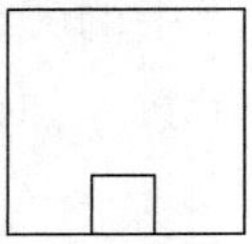							$F_N-G=0$ $F_N=G$	$a=0$	实重
1号	加速上升 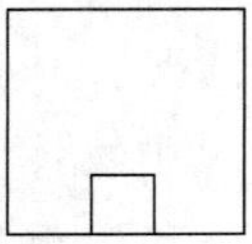									
2号	减速下降 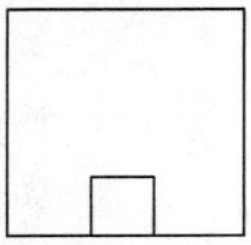									
3号	加速下降 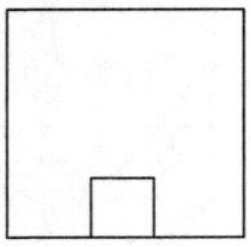									
4号	减速上升 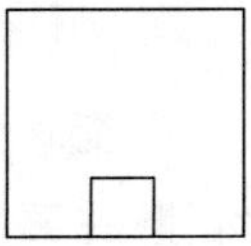									

【教学参考】

表 3-2-2　预期合作成果参考

分工	电梯运动情况	台秤示数变化	F_N 与 G 关系	超重/失重	速度 v 方向	加速度 a 方向	合外力 F 方向	用牛顿定律求解支持力 F_N 的大小（压力 F'_N 的大小）	产生该现象的条件	本质
小组共同	静止、匀速 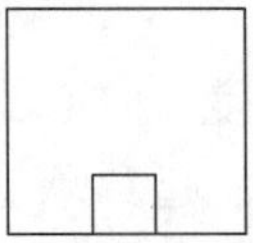	不变	$F_N=G$			$a=0$	$F=0$	$F_N-G=0$ $F_N=G$	$a=0$	实重
1号	加速上升 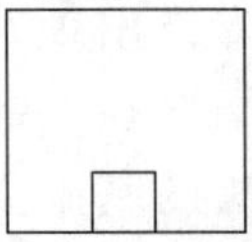	变大	$F_N>G$	超重	↑ v	↑ a	↑ F	$F_N-G=ma$ $F_N=G+ma$ $F_N=F'_N$	↑ a	当物体具有向上的加速度时，视重大于实重
2号	减速下降 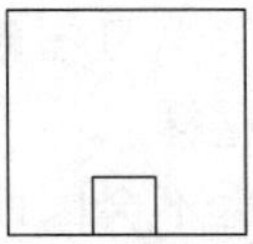	变大	$F_N>G$	超重	↓ v	↑ a	↑ F	$F_N-G=ma$ $F_N=G+ma$ $F_N=F'_N$		
3号	加速下降 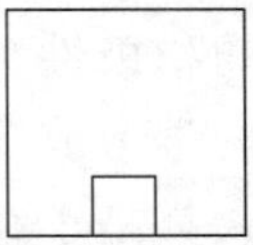	变小	$F_N<G$	失重	↓ v	↓ a	↓ F	$G-F_N=ma$ $F_N=G-ma$ $F_N=F'_N$	↓ a	当物体具有向下的加速度时，视重小于实重
4号	减速上升 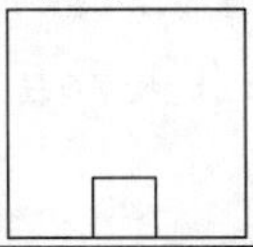	变小	$F_N<G$	失重	↑ v	↓ a	↓ F	$G-F_N=ma$ $F_N=G-ma$ $F_N=F'_N$		

（八）教学中应注意的问题

（1）任务中的电梯运动视频，是教师或学生课前录制的比较清晰的视频，上升或下降的楼层需不少于 4 层，不多于 10 层。

（2）由于生活中的失重和超重现象的过程一般很快，所以本任务中通过在电梯中的视频把失重、超重的过程“延长”，学生可以“慢”下来观察 5 种不同过程的视重变化，把示数变化和运动过程结合在一起分析。

（3）考虑到有些基础比较差的学生难分析没有具体数据的情况，教师可在任务要求时给出具体的数据，例 $m=1$ kg，$a=2$ m/s^2 等，再由特殊情况总结出一般情况的结论。

案例 7 生活中的圆周运动

（一）合作学习任务

研究生活中的圆周运动。

（二）合作原因

“生活中的圆周运动”是在学生学习了圆周运动、向心加速度、向心力后的应用课，是关于圆周运动的总结，对万有引力与航天的知识，起到承上启下的作用。传统教学中，教师一般采用讲授法，学生听时貌似懂了，但自己分析和处理具体实例时，很难找出向心力的来源，受力分析时常常出现“向心力”和“离心力”等错误。学生也很难想到把力与运动信息结合在一起。

本课例采用的“切块拼接法Ⅱ（jigsawⅡ）”是在切块拼接法的基础上稍加改变而成。与切块拼接法相比，其突出之处在于：（1）每个人在完成自己负责的任务后，也有研究其他同学任务的义务。因为课前布置了学习任务，学生重点研究自己负责的内容，同时简单了解其他任务内容，这样，如果某个小组某个成员因故缺席或不能很好完成任务，合作小组活动也不会因此耽搁。但这样相互依赖的程度就降低了。（2）引进成绩分阵法中个人成绩提高分的计算，加强学生间的相互依赖，从而更好地调动全体学生的积极性。成绩分阵法的特点是认可和肯定所有学生的努力，不论学生以往的学习成绩如何，每个人都有均等的机会为小组做出贡献。也就是说，每个人都是小组活动中的平等一员，每个人都必须挑战自己、超越自我。利用该方法可以帮助学生形成正确的自我观念，既能够善待自己，又能欣赏同伴，彼此关爱互助。

（三）合作目标

1. 学业目标

（1）知道如果一个力或几个力的合力的效果是使物体产生向心加速度，它就是圆周运动的物体所受的向心力。会在具体问题中分析向心力的来源，理解向心力是一种效果力。

（2）知道向心力和向心加速度的公式也适用于非匀速圆周运动，会求非匀速圆周运动中物体在特殊点的向心力和向心加速度。

（3）能分析和处理生产和生活中圆周运动的实例，在具体问题中能找到向心力，并结合牛顿运动定律求解问题。

（4）会分析离心现象的本质，纠正生活中的一些常见错误说法。

2. 社会技能目标

（1）小组成员间能彼此提供有效的帮助，交流、分享所需的资源和信息，以便更有效地处理加工这些信息。

（2）彼此提供反馈信息，以提高合作的绩效，培养学生的应用实践能力。

（3）通过对实例的分析，提高独立观察、分析问题、解决问题的能力，建立具体问题具体分析的科学观念。

（4）通过在学习中与他人的交流与合作，掌握一定的社会交往技能，提高学习兴趣，培养团队精神。

（四）合作类型

正式的大合作。

（五）合作时间

40分钟。

（六）合作方法

切块拼接法Ⅱ（jigsawⅡ）。

（七）合作步骤

第一步：组建基组，独立完成自己的任务。按异质分组原则。每4人编为一小组并编号1、2、3、4。上课前所有同学通过自学教材对应内容、查阅课外资料、上网查找等，完成下列对应编号任务，并写成报告或制作成PPT，以便于向其他同学讲解或用于课堂汇报。每个人在完成本人所负责任务后，也有研究其他同学的任务的义务。

1号同学的任务：离心现象。

请用你认为最容易理解的方式或实例解析（说明）：

① 什么是离心运动？

② 物体做圆周运动和离心运动的条件和本质分别是什么？

③ 试举出生活和生产中应用离心运动的例子，以及离心运动的危害，并提出利用和防止的办法。

④ 在水平路面上行驶的汽车转弯时（见图3-2-2），对汽车分析，找出向心力并列出相关方程。如果路面的摩擦力较小，容易发生什么危险？转弯路面应该如何设计比较合理？

图 3-2-2　汽车转弯

2 号同学的任务：火车转弯。

了解铁路的弯道建设，解析：

① 火车车轮的轮缘有何作用？铁路的弯道该如何建设才合理？为什么？

② 对转弯的火车受力分析，若已知弯道半径 R 和倾斜角 θ，求出内外轨均不受弹力时火车的临界速度 v_0。

③ 当火车转弯的速度大于或小于临界速度 v_0 时，火车的内外轨受力情况如何？

图 3-2-3　轮缘与铁轨接触

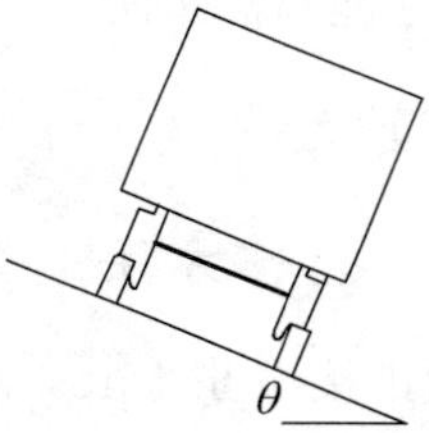

图 3-2-4　火车转弯

3 号同学的任务：拱形桥。

① 说说你对拱形桥的理解。

② 对通过拱形桥最高点（见图 3-2-5）的汽车进行受力分析，求解：汽车对桥的压力是多少？桥受到的压力与汽车的重力是什么关系？汽车过最高点时是超重还是失重？

图 3-2-5　汽车过拱桥

4 号同学的任务：凹形桥。

① 说说你对凹形桥的理解。

② 对通过凹形桥最低点（见图 3-2-6）的汽车进行受力分析，求解：汽车对桥的压力是多少？桥受到的压力与汽车的重力是什么关系？汽车过最高点时是超重还是失重？

图 3-2-6　汽车过凹型桥

第二步：组成专家组交流。相同编号的同学组成专家小组进行交流（第 1、2 大组的 1 号集中到第 1 大组的前面，2 号集中到第 1 大组的后面，3 号集中到第 2 大组的前面，4 号到第 2 大组的后面），交流结束，确保本专家组的每一个同学都掌握了本组的任务内容。

第三步：回到基组交流。每位同学回到原来基组，轮流向基组内其他组员汇报、讲解本人负责的内容，其他同学倾听、理解和记录，按编号顺序轮流进行。汇报讲解时简洁明了，不要说与问题无关的话，直到全组成员都理解你的讲解为止。交流结束后，每位同学都应该理解所有内容。

第四步：汇报合作学习成果。老师随机抽查某一组一位同学汇报本组的部分合作学习结果，其他组补充。

第五步：总结。切块任务完成后，小组内讨论、总结求解圆周运动问题的一般思路。

第六步：检测。小组成员在课堂单独完成以下的检测题目（每题 10 分，共 50 分），并上交教师批改反馈。

生活中的圆周运动　检测题

1. 下列说法中错误的有（　　）。

A. 提高洗衣机脱水筒的转速，可以使衣服甩得更干

B. 转动带有雨水的雨伞，水滴将沿圆周半径方向离开圆心

C. 为了防止发生事故，高速转动的砂轮、飞轮等不能超过允许的最大转速

D. 离心水泵利用了离心运动的原理

2. 汽车在水平地面上转弯时，地面的摩擦力达到最大，当汽车速率增大为原来的 2 倍时，则汽车拐弯的半径必须（　　）。

A. 减为原来的$\frac{1}{2}$　　B. 减为原来的$\frac{1}{4}$

C. 增为原来的 2 倍　　D. 增为原来的 4 倍

3. 如图 3-2-7 所示，当汽车通过拱桥顶点的速度为 10 m/s 时，车对桥顶的压力为汽车重力的$\frac{3}{4}$，如果要使汽车在桥面行驶至桥顶时，对桥面的压力为零，则汽车通过桥顶的速度应为（　　）m/s。

A. 15　　B. 20　　C. 25　　D. 30

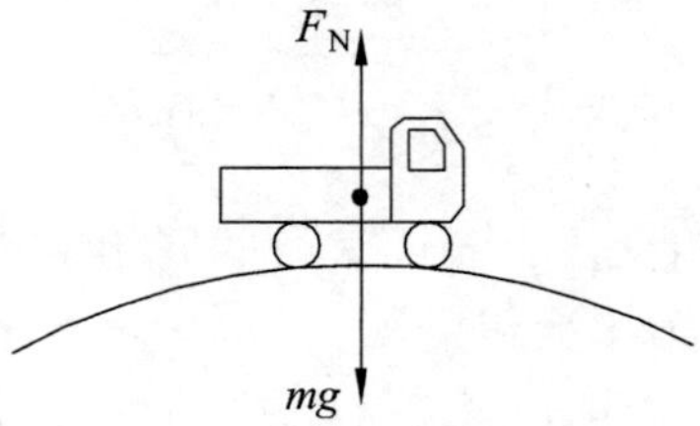

图 3-2-7

4. 如图 3-2-8 所示，一辆卡车在丘陵地匀速行驶，地形如图 3-2-8 所示，b 处比 d 处平缓，由于轮胎太旧，爆胎可能性最大的地段应是（　　）。

A. a 处　　　　B. b 处

C. c 处　　　　D. d 处

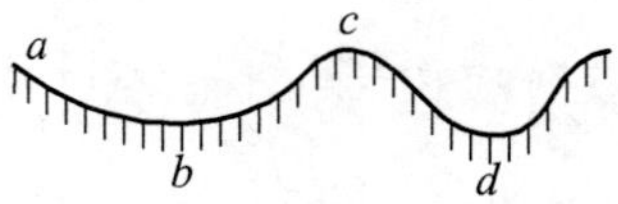

图 3-2-8

5. 如图 3-2-9 所示，铁路在弯道处的内外轨道高低是不同的，已知内外轨道对水平面倾角为 θ，弯道处的圆弧半径为 R，若质量为 m 的火车以速度 v 通过某弯道时，内、外轨道均不受侧压力作用，下面分析正确的是（　　）。

A. 轨道半径 $R=\dfrac{v^2}{g}$

B. $v=\sqrt{gR\tan\theta}$

C. 当火车速度小于 v 时，外轨将受到侧压力作用，其方向平行于轨道平面向内

D. 当火车速度大于 v 时，外轨将受到侧压力作用，其方向平行于轨道平面向外

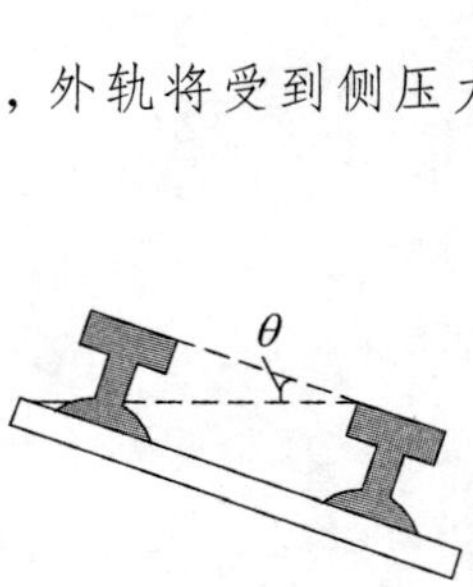

图 3-2-9

第七步：用成绩分阵法分析并评价各小组学习效果（见表 3-2-3）。

表 3-2-3　小组学习效果评价表

小组名称：________________

小组成员	分数		
	总分	基线分	提高分
1 号			
2 号			
3 号			
4 号			
小组总分			
小组平均分			
小组奖励			

表 3-2-3 中基线分是最近 3 次测试的原始分的平均分。提高分计算方法示例：A 的最近三次单元测验（总分 100 分）成绩分别为：68、53、62，那么，该生在 100 分制中的基线分数为（$65 + 53 + 62$）$\div 3 = 60$。如果这次 A 的成绩是 68，那么他为小组贡献的提高分就是 15 分，另外一生 B 的基线分为 80，如果这次成绩为 82，那么他为小组贡献提高分 10 分。这种方法对激励基础差的学生特别好，因为并非成绩越好贡献越大。测试总分与提高分的换算方法见表 3-2-4。

表 3-2-4　测试总分的换算方法

测验分数（50 分制）	提高分
低于基线分 5 以上	0
低于基线分 1～5 分	5
等于基线分或超出 5 分以内	10
超出基线分 5 分以上	15
答卷出色（不论基线分多少）	15

第八步：合作学习的评价与评估（见表 3-2-5）。

表 3-2-5　个人评价总表

第______小组　　姓名________

评价项目	满分	得分
自评	20 分	
组长对组员评价	20 分	
教师对小组评价	20 分	
个人得分	20 分	

注：个人得分 = 自评分的 25% + 组评分的 50% + 教师评价分的 25%。

第九步：小组总结与反思（课后填写，见表 3-2-6）。

表 3-2-6　小组总结与反思

本节课学到了	合作优点	合作欠缺（问题）及改进

（八）教学中需要注意的问题

（1）学习任务清单要提前 3 天发放给学生，而且在上课前一天要检查学生的任务完成情况，确保上课前学生都自学过了自己负责的内容。

（2）每个人都要精心研究自己负责的任务，但也有自学其他任务的义务。

（3）成绩分阵法需要花费较多时间和精力计算基线分和提高分，建议：让学生（课代表）协助以及运用电脑统计。小组的分数统计要及时，以便对学生进行激励，基线分不必每次都计算，可间隔一段时间再行调整。

（4）教师在课堂上需要把控好时间，本节课大部分时间都交给学生。如果时间不够，可以把评价与总结放在课后进行，保证合作学习的充分性。

（5）成绩分阵法对激励基础差的学生特别好，因为并非成绩越好贡献越大。教师对进步较大的学生要给以相应的奖励。

案例 8　牛顿运动定律的应用

（一）合作学习任务

熟练掌握牛顿运动定律。

（二）合作原因

牛顿运动定律的应用是连接运动观和相互作用观的桥梁，掌握牛顿第二定律有利于培养学生的运动观和相互作用观。考察模式一般有两种：① 已知受力情况求运动情况；② 已知受力情况求运动情况。在传统的教学中，教师大都设计大量的习题，采用题海战术对学生进行疲惫式训练，死记硬背解题方法或技巧。用这种浅度的思维训练而希望学生能建立科学的运动观，谈何容易。所以，本节内容建议采用结构式的合作方法，以4人为一小组，小组内部分工合作，责任到人，每个学生都有自己的任务、明确的思维探究模式，并通过具体的情境探究。通过小组间的互教互学，利用多次合作机会从小组同伴那学到不同的思维模式。教师应充分发挥学生的主观能动性，让学生科学质疑、证据确凿地辩解和诚心地合作。

（三）合作目标

1. 学业目标

（1）熟练掌握牛顿运动定律。
（2）提高应用牛顿运动定律分析运动与力关系问题的能力。

2. 社会技能目标

（1）体会小组的积极互赖（结果互赖）。
（2）学会交流和倾听。

（四）合作方法

切块拼接法。

（五）合作类型

正式的大合作（评价）。

（六）合作时间

32分钟。

（七）合作步骤

第一步：组建基组，独立完成自己的任务。按异质分组原则。每4人编

为一小组并编号 1、2、3、4，按自己的编号学习以下材料。（8 分钟）

从物体的受力情况确定物体的运动情况：

1 号：如图 3-2-10 所示，一个滑雪者以 $v_0 = 20\ \mathrm{m/s}$ 的初速度沿着水平面向右匀减速运动，滑雪者与水平面间的动摩擦因数 $\mu = 0.5$，$g = 10\ \mathrm{m/s^2}$，求经过多长时间滑雪者停下来。

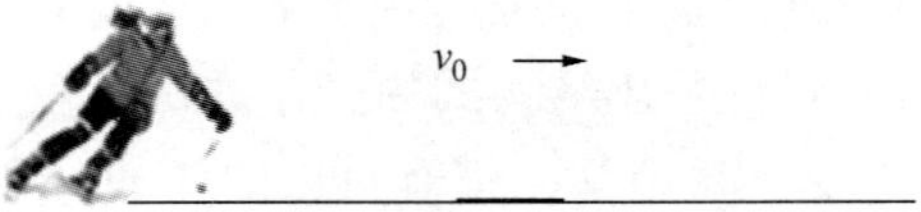

图 3-2-10

2 号：如图 3-2-11 所示，在一个倾角为 $\theta = 37°$ 的斜面上，滑雪者从斜面顶端由静止开始加速下滑，斜面足够长，已知滑雪者与斜面的动摩擦因数为 $\mu = 0.5$，$g = 10\ \mathrm{m/s^2}$，$\sin37° = 0.6$，$\cos37° = 0.8$，求：

（1）滑雪者的加速度。

（2）滑雪者 5 s 内的位移及 5 s 末速度大小。

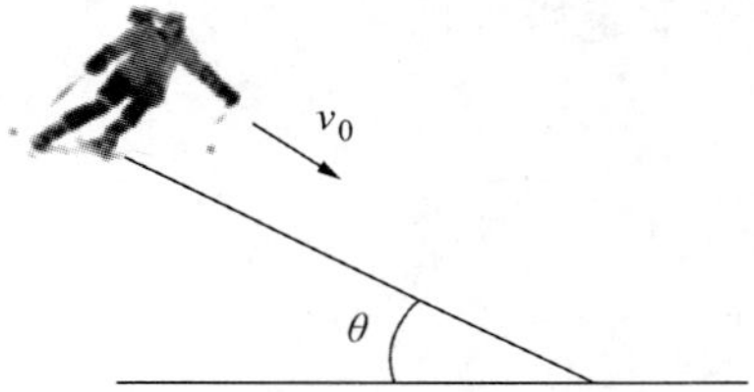

图 3-2-11

小结一：解题流程（1、2 号同学均要完成本内容）。

从物体的运动情况确定物体的受力情况：

3 号：如图 3-2-13 所示，一个质量 $m = 50\ \mathrm{kg}$ 的滑雪者以 $v_0 = 20\ \mathrm{m/s}$ 的初速度沿着水平面向右匀减速运动，经过 $t = 4\ \mathrm{s}$ 的时间停下，求：滑雪者与水平面间的动摩擦因数 μ。（$g = 10\ \mathrm{m/s^2}$）

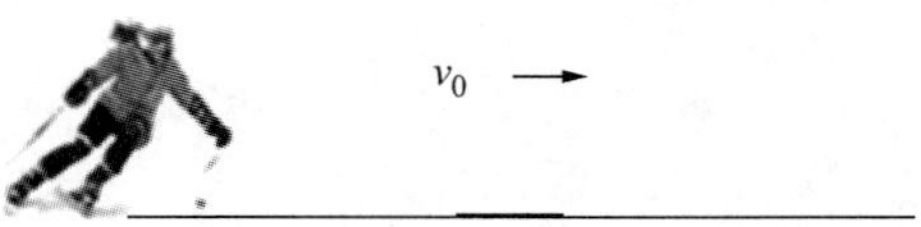

图 3-2-12

4 号：如图 3-2-13 所示，一个质量 $m = 50$ kg 的滑雪者从斜面倾角 $\theta = 37°$ 的顶端由静止开始加速下滑，经过 6 s 到达斜面底端，其中斜面长 $s = 18$ m，在距离斜面底右侧 $s' = 5$ m 处的水平面上有个障碍物，滑雪者与水平面间的动摩擦因数 $\mu = 0.5$。（$g = 10\ m/s^2$）

（1）求滑雪者在斜面上所受的摩擦力。

（2）滑雪者是否有安全问题。

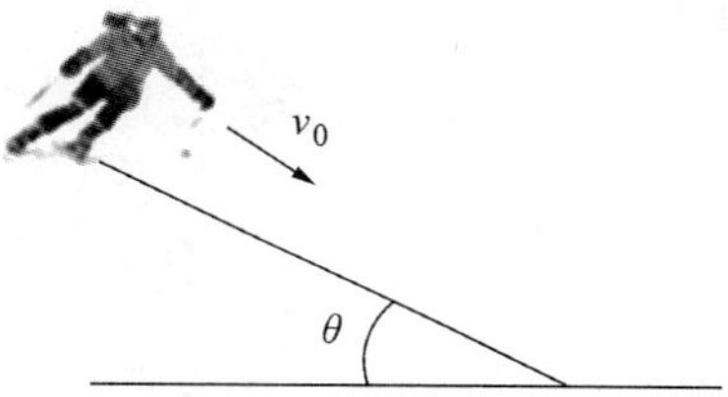

图 3-2-13

小结二：解题流程（3、4 号同学均要完成本内容）。

第二步：组成专家组交流。各组 1、2、3、4 号同学分别按安排就近集中进行交流。（6 分钟）

第三步：基组交流。组内每位同学学会后回到原来基组，向组内其他组员汇报、讲解你学到的，其他同学倾听、理解和记录，并轮流进行。汇报讲解时简洁明了，不要说与问题无关的话，直到全组成员都理解你的讲解为止。（8 分钟）

第四步：汇报合作学习成果。老师随机抽查某一组一位同学汇报你组的合作学习结果，其他组补充。（8 分钟）

第五步：小组评估与评价。（2 分钟）

（八）合作中的注意事项

（1）每组人数不可过多，每 4 个人一组按编排及时坐好。

（2）讨论时要轻声交流，互相尊重。

（3）每位同学都必须尽责完成自己的任务，并教给基组的其他同学，积极地相互依赖。

（4）教师应在专家组讨论时不断巡查，给予必要的帮助。

（5）汇报结果时，应抽查学生汇报自己研究任务以外的所有任务，避免学生只关注自己的任务，也能有效检测小组合作是否到位。

三、"三人走，一人留"法[①]

"三人走，一人留"法能快速、协同式解决问题。每位同学都必须在小组交流时尽责地掌握本小组负责的任务，才能在参与其他小组互动时教给别人。"三人走"可快速地组成新的小组，而且每一个成员都可以发言，体现了公平参与。

主要步骤：确定分组→共同完成本小组任务→三人走一人留组成新小组交流→离开其他小组，然后回到原来基组→汇报合作学习成果→评价与总结。

案例9　力的分解

（一）合作任务

力的分解。

（二）合作原因

学生已学过几种常见的力、力的等效与替代、力的图示、力的合成及平行四边形法则等相关知识，但很多学生还不太会熟练用作图法分解力和应用数学工具计算分力的大小。在传统教法中，教师上这节课一般是通过演示实验再讲解两三个例题。学生单方面地听讲，效果差。常出现"听时懂，但做题时无从下手"的现象。所以，在教学中要充分利用学生已有知识，使学生积极主动地参与学习。采用"三人走，一人留法"能让所有学生都参与学习，在最短的时间内学习水平面上的物体、斜面上的物体、绳子模型、杆模型等各种情景下力的分解。有助于增强个人责任感，主动参与学习，培养学生实践思维、解决问题、合作交流、自我表达能力。

（三）合作目标

1. 学业目标

（1）知道力的分解是力的合成的逆过程，也遵循力的平行四边形法则；

（2）学会用数学的方法（作图、几何关系、三角函数）分解一个力，并求解分力大小。

2. 社会技能目标

（1）通过实例进行力的分解，培养学生的良好观察、分析、归纳的习惯

① 马兰，盛群力. 多彩合作课堂[M]. 福州：福建教育出版社，2013：28.

和严谨的求实科学态度；

（2）通过合作学习使学生掌握一定的合作技能，如倾听和低声交流、自我表达能力和增强个人责任感。

（四）合作类型

正式的合作学习。

（五）合作时间

30 分钟。

（六）合作方法

“三人走，一人留”法。

（七）合作步骤

第一步：分组。按异质每 4 人编为一小组并编号 1、2、3、4。每 4 个小组为一大组，小组编号为 A 组、B 组、C 组、D 组。

第二步：共同完成本小组任务。每个小组 4 名成员共同按编号研究表 3-3-1 中的两题，画出力的分解图，并用已知力和夹角表示出分力大小。集思广益，互相交流，确保每一个同学都掌握本小组负责的两个图的解法。（6 分钟）

表 3-3-1　小组合作学习任务

A 组研究	B 组研究	C 组研究	D 组研究
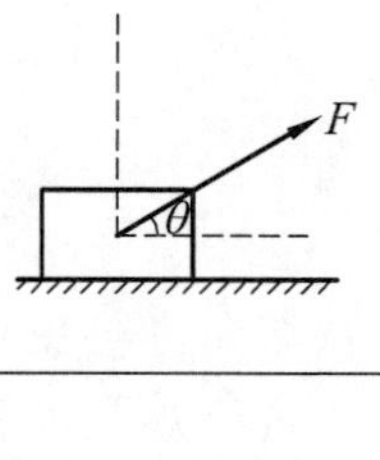	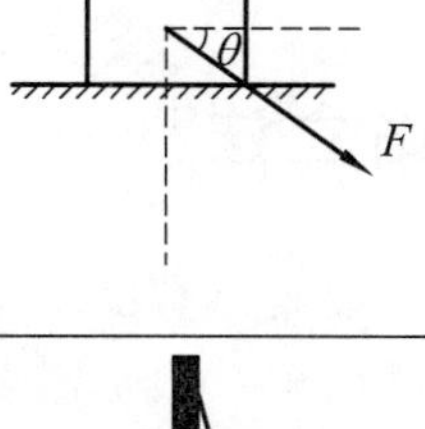	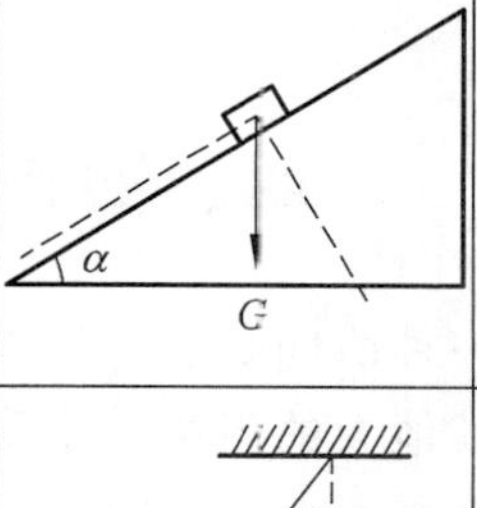	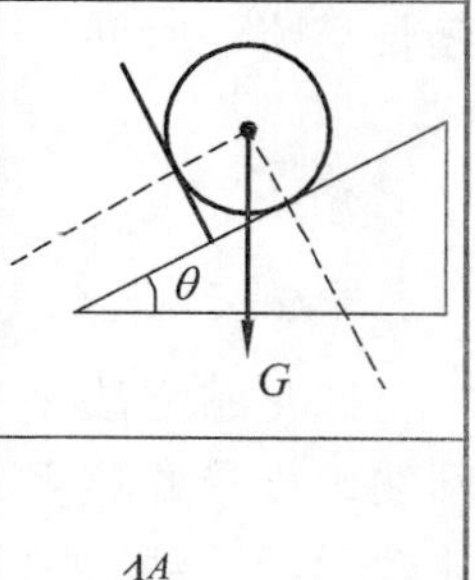
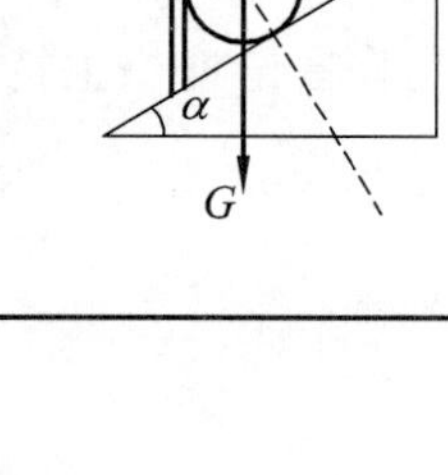	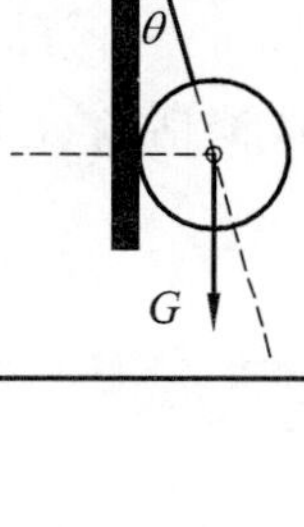	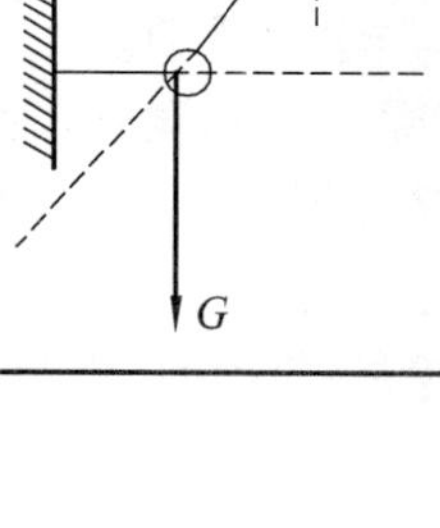	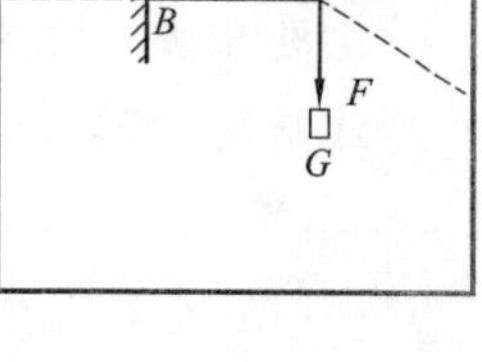

第三步：三人走一人留组成新小组交流。每个小组派三名代表，离开本小组到其他小组参与小组活动。要求离开本组的3人不能都到同一个外组，每个组只能接纳三名不同外来组的同学，组成新的4人组。每人轮流向组内其他组员汇报、讲解原来基组负责的题目，其他同学倾听、理解，并记录在表格中。汇报讲解时简洁明了，不要说与问题无关的话，直到全组成员都理解你的讲解为止。（10分钟）

第四步：离开其他小组，然后回到原来基组。相互交流，争取全体成员理解所有的题，总结力的分解的方法。（2分钟）

第五步：汇报合作学习成果。老师随机抽查某一组某一位同学汇报你组的合作学习结果，其他组补充。教师讲解与总结。（6分钟）

第六步：小组评价与评估。

第七步：小组总结与反思。

（八）合作中注意事项

（1）分组是异质每4人为一小组，每4个小组为一大组。若小组数不是4的倍数，多的小组，可并入其中的某个小组里，两个小组的人同为A组等。若是某大组只有三小组，可安排能力比较强的一小组研究两个任务。

（2）学生讨论时要强调头对头低声交流，并按编号顺序轮流发言。

（3）每位同学都必须在小组交流时尽责地弄懂本小组负责的任务，并教给其他小组的同学。讲解时简洁明了，不要说与问题无关的话，直到全组成员都理解你的讲解为止。

（4）教师应不断巡查，给予必要的帮助，并把控各步骤的时间，可适当延长交流的时间。

四、四角站立法①

四角站立法是一种协同式的合作学习策略，有助于学生从多角度去思考问题，接受并尊重其他人的想法。主要适用于：（1）需要发表自己观点的开放性学习活动；（2）需要对自己观点进行修正的学习活动；（3）需要打破小组进行更大范围合作的学习活动。

主要步骤：思考立场→相同立场的构成谈话角→主持人收集论据→主持人阐述解法→总结与反思。

① 马兰，盛群力. 多彩合作课堂[M]. 福州：福建教育出版社，2013：75-76.

案例10　研究汽车安全行驶问题

（一）合作学习任务

通过一道例题用多种方法从多种角度研究汽车安全行驶问题。

（二）合作原因

学生对与生活联系紧密且有一定了解的行车安全问题会感兴趣，了解一般的安全行车要求：如不要超速、不要酒后驾驶、要保持一定的行车距离。但要究其原因，即要知其所以然，则要熟练应用匀变速直线运动规律来进行科学论证。该类问题求解角度和方法不止一种，思维较发散，单凭一人之力很难概括全面，多人交流则能碰撞出思维的火花，适合合作学习。四角站立法是一种协同式的合作学习策略，使有共同思维方向的人聚在一起，激发大脑的潜能。能帮助学生接受并尊重来自他人的不同意见，甚至欣赏异己。学会站在别人的立场进行换位思考。

（三）合作目标

1. 学业目标

熟练应用匀变速直线运动规律，用多种方法从多种角度研究汽车安全行驶问题。

2. 社会技能目标

合作互助、认真倾听、乐于分享，学会注重和欣赏他人，学会分析、解决问题等。

（四）合作方法

四角站立法。

（五）合作类型

正式的大合作。

（六）合作时间

40分钟。

（七）合作步骤

第一步：教师向全班播放交通事故的视频，引出有关汽车安全驾驶问题的题目：

汽车在高速公路上行驶的速度为 108 km/h，若驾驶员发现前方 80 m 处发生了交通事故，马上刹车，汽车以恒定的加速度经过 4 s 才停下来。问该汽车是否会有安全问题？

第二步：教师指导学生可从位移、速度、时间、加速度等角度去判断解题。请学生独立思考，选一角度尽量用多种方法解题。

第三步：相同角度解题的同学站在一起，构成 4 个谈话角。选择位移角度解题的同学到教室右前方聚集，选择速度角度解题的同学到教室左前方聚集，选择时间角度解题的同学到教室右后方聚集，选择加速度角度解题的同学到教室左后方聚集。

第四步：每个谈话角选出一名代表做主持人，主持人把本谈话角中的同学分组，4 ~ 6 人为一小组，小组成员共同解读题目，互相交流解题方案，小组间也可相互交流，共同协商出大家都能接受的多种解题方案。主持人收集各小组的解题方案，并对有所贡献的成员进行赞美。

第五步：教师在黑板划分四大块区域，分成从位移、速度、时间、加速度等角度去判断解题的，每个谈话角的主持人安排同学上去把本谈话角的解题过程写在黑板上，每种解法 1 或 2 人写（同时写，速度快，效率高）。

第六步：主持人代表本谈话角向全班阐述各种解法。

第七步：教师总结并评价。

（八）预期合作成果

第一类解法：据位移判断，求解汽车刹车实际行驶的位移。

（1）$s=\dfrac{1}{2}(v_0+v_t)t=60\ \text{m}<80\ \text{m}$

（2）据 $2as=v_t^2-v_0^2$ $a=\dfrac{v_0}{t}=-7.5\ \text{m/s}^2$ 得 $s=60\ \text{m}<80\ \text{m}$

（3）$s=v_0t+\dfrac{1}{2}at^2=60\ \text{m}<80\ \text{m}$

（4）图像法：画出汽车行驶的 v-t 图线，如图 3-4-1 所示，由图像可得汽车行驶的位移为：$s=60\ \text{m}<80\ \text{m}$

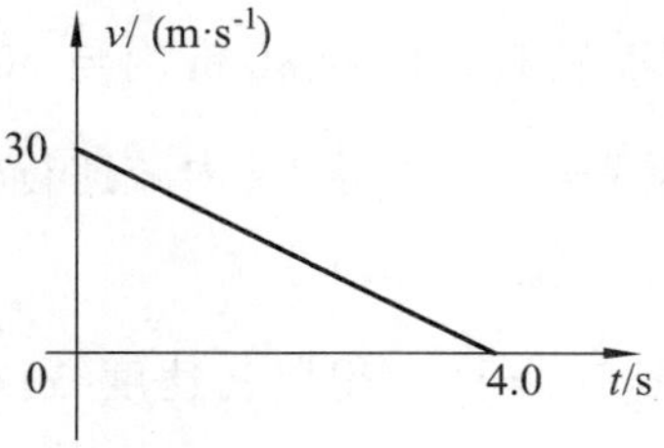

图 3-4-1　v-t 图像

（5）逆向思维法：把汽车的匀减速运动看成是初速度为零的匀加速直线运动，则据 $s=\frac{1}{2}at^2$，$a=7.5\ \text{m/s}^2$ 得 $s=60\ \text{m}<80\ \text{m}$。

（6）逆向思维法：把汽车的匀减速运动看成是初速度为零的匀加速直线运动，则据 $2as=v_0^2$，$a=7.5\ \text{m/s}^2$ 得 $s=60\ \text{m}<80\ \text{m}$。

据以上六种判断可得汽车刹车位移小于 80 m，汽车是安全的。

第二类解法：据速度判断，比较行驶 80 m 与 60 m 需要的速度。

（7）汽车的实际平均速度为：$\bar{v}=\frac{1}{2}(v_0+v_t)=15\ \text{m/s}$

若汽车行驶 80 m，则需要的平均速度为：$\bar{v}=\frac{s}{t}=\frac{80\ \text{m}}{4\ \text{s}}=20\ \text{m/s}$

可见，汽车不会有安全问题。

（8）若以加速度大小为 $7.5\ \text{m/s}^2$ 减速，行驶 80 m 的初速度为 $v_0=\sqrt{2as}=34.6\ \text{m/s}>30\ \text{m/s}$。

所以，汽车不会有安全问题。

（9）据 $s=\frac{1}{2}(v_0+v_t)t$，得 4 s 内行驶 80 m 需要的初速度为 $v_0=40\ \text{m/s}>30\ \text{m/s}$。

所以，汽车是安全的。

第三类解法：据时间来判断，用 80 m 的时间与 60 m 的时间进行比较。

（10）逆向思维法：据 $s=\frac{1}{2}at^2$，得行驶 80 m 所用时间为 $t=5.33\ \text{s}>4\ \text{s}$

（11）逆向思维法：据 $s=\frac{1}{2}v_0t$，得行驶 80 m 所用时间为 $t=5.33\ \text{s}>4\ \text{s}$

由以上两种解法可知汽车是安全的。

第四类解法：据加速度判断，比较 80 m 内与 60 m 内的加速度。

（12）逆向思维法：据 $s=\frac{1}{2}at^2$，得 4 s 内减速行驶 80 m 需要的加速度大小为 10 m/s^2 >7.5 m/s^2。

（13）逆向思维法：据 $2as=v_0^2$，得以初速度 30 m/s 减速行驶 80 m 需要的加速度大小为 5.6 m/s^2<7.5 m/s^2。

（14）据 $s=v_0t+\frac{1}{2}at^2$，得汽车以 30 m/s 的初速度在 4 s 内减速行驶 80 m 的加速度为 5 m/s^2<7.5 m/s^2。

（八）教学中要注意事项

（1）应提示学生尊重和倾听其他同学的解法。

（2）主持人应对有所贡献的成员进行赞美，并帮助有困难的成员。

（3）当噪音过大时，教师应予以干预。

（4）鼓励学生克服困难，袒露自己真实的想法。

五、合作辩论会①

合作辩论会适用于价值观层面的讨论和探究性的学习活动。学生通过查找资料、搜索、统筹分析等，既要研究自己的观点，也要研究对方的观点，可以让学生开动脑筋，从多方面去考虑问题，发散思维。通过小组的团结协助、自圆其说的辩论，满足了同学们自由发挥的愿望，也符合了学生自我表现的心理；能帮助学生尊重来自他人不同意见的合作结构，又能让学生站在别人的立场进行换位思考。

主要步骤：课前调查→确定分组→开展辩论会→评估与评价。

案例 11　论证牛顿第一定律

（一）合作学习任务

通过辩论赛正确理解牛顿第一定律。

① 约翰逊 D W，约翰逊 R T. 合作学习的原理与技巧[M]. 刘春红，孙海法，编译. 北京：机械工业出版社，2001：161-185.

（二）合作原因

本节课是初高中衔接较好的一节课，教师和学生都认为简单，其实涉及的物理思维是学生思想认识的重要飞跃，正是牛顿第一定律破除了长达2000多年的亚里士多德的错误，改变了人们的世界观。要让学生彻底放弃“力是物体运动的原因”这个观点是对教学的一个巨大的挑战。本节课是培养学生思辨能力不可多得的素材，适合采用“合作辩论会”的形式，让“运动需不需要力来维持”两种不同的观点进行激烈的碰撞，学生在辩论时将自己心中的疑惑说出来，当场质疑，当场解决。根据学生对力和运动不同的认识，将学生分为正反两方及评委组。学生提前准备，既要研究自己的观点，也要研究对方的观点。独立或小组共同寻找证据、设计实验等，就是一个知识构建完善自身的过程。通过辩论合作性学习培养学生在公众场合发表独立见解的能力，以及在辩论中尊重对方，平等参与等社会技能。

（三）合作目标

1. 学业目标

（1）通过辩论活动，能清楚地描述伽利略关于力与运动的思想观念，以及理想实验相应的结论，体会牛顿第一定律建立的过程及思维方法。

（2）能运用牛顿第一定律（惯性定律）解释日常生活中的运动现象。

（3）知道惯性是物体的固有属性，知道质量是物体惯性大小的量度。培养用惯性概念解释有关实际问题的能力。

2. 社会技能目标

（1）培养在公众场发表独立见解的能力，以及在辩论中尊重对方、平等参与等社会技能。

（2）增强自我认知能力，明白自己的想法，并学会明确地表达出来。

（四）合作方法

合作辩论会。

（五）合作类型

正式的大合作（评价）。

（六）合作时间

40分钟。

（七）合作步骤

第一步：课前调查。课前两天或者上本节课前的一节课快结束时进行。教师向学生展示选题，给学生1分钟独立思考，确定自己的选择，并把理由写在纸上。

（单选）在下面列出三个观点中，选择你认同的观点：（　　）

A. 力作用在物体上物体就运动；撤去力物体就停止。

B. 力作用在物体上既可以使物体运动，也可以使物体静止。

C. 在物体不受力的情况下，物体仍然可以运动。

第二步：确定分组。学生走向代表自己观点的位置。选择A的为正方，站到教室的左边（第1、2组）；选择C的为反方，站到教室的右边（第3、4组）；选择B的为评委或正反双方的机动人选，站到讲台上，评委组不少于6人不多于8人，若选B的同学多于6人，则劝其放弃首选，改选其他选项，正反双方人数应该基本相等。

第三步：学生课前准备，教师进行指导，确定以下人员的名单及分工：

主持人：1人，一般由课代表担任，负责辩论会流程；

计时员：1人，负责计时、控制时间、提醒辩手剩余时间；

评委：4~6人，预测本辩论会的正、反方的观点，商量好评分细则。

正方：确定1辩、2辩、3辩、4辩，准备支持“物体的运动需要力来维持”的论据、实验设计方案等，寻找反驳“物体的运动不需要力来维持”的材料。

反方：确定1辩、2辩、3辩、4辩，准备支持“物体的运动不需要力来维持”的论据、实验设计方案等，寻找反驳“物体的运动需要力来维持”的材料。

正、反双方除了1辩、2辩、3辩、4辩外，剩下的同学准备在自由辩阶段进行补充的材料。

第四步：开展辩论会。辩论流程如表3-5-1所示。

表3-5-1　辩论会流程

项目	正方	反方	时间
观点	物体的运动需要力来维持	物体的运动不需要力来维持	—
第一步	正方一辩开篇立论	反方一辩开篇立论	2分钟
第二步	正方二辩驳对方立论	反方二辩驳对方立论	2分钟

续表

项目	正方	反方	时间
第三步	正方三辩提问反方一、二、四辩各一个问题，反方辩手分别应答。每次提问时间不得超过15秒，三个问题累计回答时间为1分30秒	反方三辩提问正方一、二、四辩各一个问题，正方辩手分别应答。每次提问时司不得超过15秒，三个问题累计回答时间为1分30秒	—
第四步	正方三辩质辩小结	反方三辩质辩小结	1.5分钟
自由辩论	正反双方所有组员都可以参加，辩论双方交替发言。双方都拥有3分钟的累计发言时间，在一方时间用完后，另外一方可以继续发言，直至本方的时间用完。在这个环节中，要求辩论双方的队员团结合作和整体配合，自由辩论阶段由正方开始		3分钟
总结陈词	针对对方的观点和己方的立场，总结本方的观点，阐述最后的立场		2 分钟

第五步：评估和评价方法（团队分数计入个人成绩档案，见表3-5-2）。

表3-5-2　辩论会评分细则

团队评分表（100分）			
环节	评分要点	正方	反方
开篇立论（20分）	1. 开篇立论逻辑清晰，言简意赅，论点明晰，分析透彻； 2. 论据内容丰富，引用资料充分恰当、准确； 3. 分析的角度和层次具有说服力和逻辑性。		
驳立论阶段（15分）	1. 提问简明扼要，问题针对性强； 2. 回答问题有理有据，合乎逻辑。		
质辩环阶段（20分）	1. 全面归纳对方的矛盾差错，并做系统的反驳和攻击； 2. 回答问题精准、处理问题有技巧； 3. 辩护有理有据及有力，说服力强。		
自由辩论阶段（20分）	1. 攻防转换有序，把握论辩主动权； 2. 针对对方的论点、论据进行有力反驳； 3. 语言表达清晰流畅，事实引用得当。		
总结陈词阶段（15分）	1. 全面总结本方的立场、论证，系统反驳对方的进攻，为本方辩护； 2. 语言表达具有说服力和逻辑性。		
团队配合及临场反应（10分）	辩论队整体形象；辩风、整体配合、语言运用、临场反应（语言、风度、举止、表情）；有团队精神，相互支持；问答形成一个有机整体。		
团体总分			

第七步：教师总结。

（八）教学中要注意事项

（1）教师要让学生做好充分准备，告知学生一些辩论技巧，学会尊重别人，学会承担个人与小组责任、学会倾听、学会鼓励别人、学会分享、学会帮助别人、学会忍让等。

（2）辩论前，应使学生对于所要辩论的话题有所了解，他们了解得越多，辩论越有效。鼓励学生通过合作收集与辩论相关的材料，否则这一辩论便没有多大用处。为了提供背景知识，教师可以对这一问题进行讲解，以减少辨论的困难。

（3）教师要注意对时间的把控。课前要培训计时员如何计时，如何提醒快到时间了，如何有礼貌地打断别人的讲话等。

（4）参加合作辩论的学生在辩论会结束时应力争达成一致。但并不强求达成一致，而只是要求他们努力争取达成共识即可。这种达成一致的努力恰恰是合作辩论法的核心；相反，在传统教学中，其目标是击败对方，而不是力争与他人探讨真理。

六、“思考—配对—分享”法

“思考—配对—分享”法是合作学习最著名的技术之一，是“配对—交流”法的变式。它是比较简单的两人合作学习方式，对形成合作伙伴的责任感极为有利，也可帮助学生掌握最简单的社会交往技能——表达和倾听。此方法适用于解决需要学生思考的问题。配对的两人不仅要清楚自己和伙伴的想法，还要将两人的想法进行整合，全班分享。

主要步骤：独立思考→配对交流→全班分享。

案例 12　质点

（一）合作任务

判断具体情景中的物体能否看成质点。

（二）合作原因

质点是高中学生学到的第一个抽象化的理想模型，把具体事物在具体情境中抽象成一个质点，需要学生有一定的思辨能力。本内容如果学生经过争辩、探讨、质疑，在自己独立思考的基础上合理吸收别人的意见，对质点概念的理解将更为深刻，因此适合使用合作学习方法。在学年初期，要培养学生一定的合作技能，这种最简单的配对交流的合作方式有利于学生培养简单的合作技能，为更深入的合作学习打下基础。

（三）合作目标

1. 学业目标

会判断物体在某种情境下是否可以看成质点。加深对质点的理解。

2. 社会技能目标

（1）学会发表自己的见解。
（2）学会倾听，对别人的看法表示赞同或提出质疑。
（3）学会平等交流。

（四）合作类型

非正式的合作学习（不评价）。

（五）合作时间

2～4分钟。

（六）合作方法

“思考—配对—分享”法。

（七）合作步骤

第一步：学生先独立思考，生活中有哪些物体可以看成或不能看成质点的例子。

第二步：两人配对，A先说出一个例子，B判断能不能看成质点，并说明理由，两人达成一致意见。

第三步：角色交换，B举例子，A判断。直到两人举不出例子为止。

第四步：两人共同整理讨论结果，总结归纳报告：能看成质点的例子和不能看成质点的例子。

第五步：教师随意抽查某组某位同学，汇报两人讨论结果，其他小组补充。

（八）合作中注意事项

（1）必须强调两人轮流说和判断，保证公平参与。

（2）教师必须随机抽查，不可让学生自己派代表汇报，以便形成学生的积极互赖。

案例13　研究作用力和反作用力

（一）合作学习任务

研究生活中的作用力与反作用力现象。

（二）合作原因

学生在学习本节内容前已经学习了力和运动的有关知识，对力和运动的关系有了一定的认识，对物体间的相互作用问题有了初步的了解。但学生往往错误地认为“当一个大人和一个小孩在拔河比赛时，大人之所以会胜，是由于大人施加给小孩的力大于小孩施加给大人的力”。这就迫切需要深入理解牛顿第三定律来弥补已有知识在处理相关问题时的缺陷。如果采用讲授法，直接讲解作用力和反作用力的关系，学生会感觉索然寡味，是老师生搬硬造的，实是理解不透，更不能用来解决实际问题。若本内容课前通过学生独立去寻找一些力的相互作用的事例或利用身边的物品设计实验说明“力的作用是相互的”，学生经历了思考、争辩、实验、探讨、质疑等，在自己独立思考的基础上，再和同桌配对交流讨论，合理吸收别人的意见，对作用力和反作用力的理解将更为深刻，因此适合使用合作学习方法。

“思考—配对—分享”不仅能促进学生有效归纳、分析处理信息，更重要的是，它很好地体现了合作学习的积极互赖的教育思想。首先，它使合作的双方都收益。因为每个学生在使同伴获得好主意、好观点的同时也使自己分享了这一好主意和好观点。其次，离开同伴的帮助谁也不能独立完成任务。因为每个人都可能要面向全班进行汇报，汇报内容不仅是自己的个人观点，它还包含相互交流时从同伴处获得的观点。这种方法省时省力，易操作，常态课堂可经常使用。

（三）合作目标

1. 学业目标

能分析生活中的作用力与反作用力现象，知道两个物体间的作用是相互的，认识作用力与反作用力。

2. 社会技能目标

（1）有发现日常生活中有关的物理问题并有将物理知识应用于生活的意识。

（2）能独立有效地归纳、分析信息。

（3）学会表达自己的观点，学会倾听，能对别人的看法表示赞同或提出质疑。

（四）合作方法

“思考—配对—分享”法。

（五）合作类型

非正式的大合作（不评价）。

（六）合作时间

3 分钟。

（七）合作步骤

第一步：教师课前一天发放任务清单，每个同学单独去寻找、思考生活中力的相互作用的实例，或利用身边的物品设计实验说明“力的作用是相互的”。

第二步：两人配对，轮流交换看法。A 同学先举出一些力的相互作用的实例或利用身边的物品设计实验说明“力的作用是相互的”，B 同学记录；B 同学举例或实验演示说明，A 同学记录。

第三步：教师随机请一些学生在班级中发言。发言的学生可以讲讲两人讨论交流后的看法，而不是他自己个人的看法。这时教师要注醒学生：你的同伴的观点是什么，你们经过讨论后认识有没有发展等，而不是只谈自己个人的观点。

（八）合作的预期成果

实验 1：两个充满气的气球相互挤压（气球之间的柞互作用）。

实验 2：手拉一端固定的弹簧（手拉弹簧，感觉弹簧也拉手）。

实验 3：两手掌相互击掌（两手掌都感觉痛）。

实验 4：两鸡蛋互击（两个都碎）。

实验 5：条形磁铁同极相吸、异极相斥。

实验 6：“我”拉桌子，感觉桌子也拉“我”。

实验 7：溜冰时，静止的两人互推，两人向相反的方向分开。

实验 8：平静的湖面上，静止的船互推，两船向相反的方向分开。

……

结论：力的作用是相互的，物体 A 对物体 B 施加力，则物体 B 一定也对物体 A 施加力。这就是作用力和反作用力。

（九）教学中要注意事项

（1）本案例的任务是前置性合作任务，完成程度是课堂合作高效的保证，一定要在课前布置任务给学生，给学生合作的机会。

（2）运用“思考—配对—分享”法必须注意：相互交流之前，每一学生都应该认真地思考自己的观点和认识，而不是想如何去影响对方；在“分享”环节，教师要鼓励学生认真地倾听并确切地弄懂同伴的观点。

（3）经过初中的学习，学生都能举出一些简单的例子，但有些无法解释为什么会这样。经历了思考、实验、探讨、质疑、讨论等过程，会发现问题，或许也会解决问题了，对力的相互作用理解更深一层次。

案例 14　判断动量变化的原因

（一）合作任务

判断动量变化的原因。

（二）合作原因

每个人在课堂上都必须有看得见的行为表现，读、写、说（即交流）较之听和想就是一种显性的行为，听和想作为内隐行为很难被老师检测和评价，而且人脑是一种社会化的器官，人独想时的思维远远没有人处于团队中来得活跃。“动量变化的原因”本质上就是动量定理，是本章的重点、难点。教师很难讲清楚，学生单靠听也不易于掌握。所以把“动量变化的原因”这一节设计成合作学习课，一来可以打破传统课堂教学中生生互不往来的局面，为学生提供与同伴交往的机会，让每个人都有表现自己的平等机会；二来又能满足人脑渴望与人交流的需要，促使学生大脑处于一种积极的活动状态；三来活跃的思维更利于推导、探究和克服教学难点。

（三）合作目标

1. 学业目标

能从图片和演示实验中直观形象地观察到影响动量变化的因素，学会用理论推导出物体动量变化的原因，知道冲量的定义和动量定理，能用动量定理解释生活现象，掌握运用动量定理计算简单题目。

2. 社会技能目标

（1）学会与不同类型的人交流合作。

（2）学会向外界提供帮助或寻求帮助。

（3）学会在小组学习中分享自己的收获。

（4）学会有声思维，学会高质量的谈话技巧。

（四）合作方法

“思考—配对—分享”法。

（五）合作类型

非正式合作（不评价）。

（六）合作时间

8～12分钟。

（七）合作步骤

第一步：组建基组。四人一组，并组内编号：1、2、3、4。

第二步：根据教师提出的问题（见表3-6-1），学生先独立思考。

表 3-6-1　小组合作学习任务

情景 1：教师演示实验，两个相同质量的鸡蛋从同一高度下落，分别落在海绵和石头上，请根据观察的结果解决以下疑问：

问 1：两个鸡蛋碰撞前动量相同吗？你的依据是什么？

问 2：两个鸡蛋碰撞后动量相同吗？

问 3：两个鸡蛋在情景 1 中动量变化量相同吗？

问 4：两个鸡蛋在情景 1 中最明显的不同点是什么？导致这个不同点的原因是什么？

问 5：物体动量变化的原因可能还跟什么有关？

我和同伴的小结：物体动量变化可能与________________有关。

情景 2：某质量为 m 的物体，以 v_0 的速度水平在光滑的水平面向右运动，碰到一块坚硬的大理石后被弹回，沿着同一直线以速度 v_t 水平向左运动。

问 1：在情景 2 中，你看到什么现象？你认为物体动量发生了变化吗？

问 2：若认为物体动量发生变化，那物体动量中究竟是哪个物理量发生了变化？你能否根据观察结果用公式写出该物理变化量？

问 3：你觉得是什么原因让情景 2 中的物体动量发生变化？

我和同伴的小结：物体动量变化可能与________________有关。

理论分析：

如图所示，某质量为 m 的物体，以 v_0 的速度水平在光滑的水平面向右运动，碰到一块坚硬的大理石后被弹回，沿着同一直线以速度 v_t 水平向左运动，其中墙对物体的平均作用力为 F，碰撞时间为 t，试求：

（1）速度的变化量 Δv。

（2）物体动量的变化量 Δp。

（3）平均作用力 F 与动量变化量 Δp 的关系。

（4）物体动量变化的原因。

第三步：每位学生写下自己思考过程和答案。

第四步：1 号和 2 号、3 号和 4 号分别配对交流。

第五步：1 号和 4 号配对交流，2 号和 3 号配对交流。

第六步：全班分享，形成正确的统一的观点。

> 我的学习结果和反思：
> 1. 物体动量变化的原因：
> 2. 冲量定义和公式：
> 3. 动量定理：

（八）教学中要注意事项

（1）教师在演示鸡蛋下落的实验中要确保掉在海绵上的鸡蛋完好无损，而掉在水泥地面上的破碎，实验结果才有明显对比。

（2）必须强调配对交流和互换配对交流，1 号和 4 号重新配对交流时，1 号先向 4 号介绍 2 号的想法，4 号先向 1 号介绍 3 号的想法；同理，2 号先向 3 号介绍 1 号的想法，3 号先向 2 号介绍 4 号的想法；该环节要确保每个同学都清楚小组中产生的四个想法并都能充分讨论交流。

（3）全班分享，可以让小组到讲台上汇报任务整个解决思路，也可以由教师引导随机点名回答问题，学生回答要以“经过我和小组成员的充分讨论交流，我认为……”，小组其余同学可以补充观点，其余小组可以向他们提出疑惑并请求解惑，直至全班无疑惑为止。

七、“体验—配对—分享”法①

“体验—配对—分享”法也是“配对—交流”法的变式之一。跟“思考—配对—分享”法类似。区别只是从体验开始。

主要步骤：体验→配对交流→全班分享。

案例 15　体验超重、失重现象

（一）合作学习任务

体验超重、失重现象。

（二）合作原因

本案例通过学生课前独立体验失重与超重现象、查找资料、分析问题、解决问题等，可以让学生感受到超重和失重现象就在我们身边，不是老师瞎编乱

---

① 马兰，盛群力. 多彩合作课堂[M]. 福州：福建教育出版社，2013：60-62.

造出来的，激发学生学习本节内容的兴趣。但由于每个人体验的过程不一样，例如示数变化过快、不懂观察，或者没条件去体验，配对互助和全班分享后，可使全班每个同学都了解失重与超重现象。这是传统教学中讲授法无法做到的。

（三）合作目标

1. 学业目标

体验人在体重计起立和下蹲过程中的超重和失重现象，知道什么是超重、失重。

2. 社会技能目标

（1）体验式学习，体会前人发现规律、总结规律的不易，懂得尊重他人的成果。

（2）合作互助、认真倾听、乐于分享。

（四）合作方法

“体验—配对—分享”法。

（五）合作类型

非正式的大合作（不评价）。

（六）合作时间

3 分钟。

（七）合作步骤

第一步：课前独立完成任务。请你利用家里或附近药店的体重计进行如下实验：

① 你站在体重计上静止时，指针示数是多少？

② 你突然下蹲的过程，体重计的示数是怎样变化的？

③ 你突然起立的过程，体重计的示数是怎样变化的？

第二步：上课开始，4 人小组内两两配对，相互交换体验和看法。

第三步：教师随机抽查某一组某个学生向全班进行汇报，汇报的不仅是自己的体验和看法，还必须汇报相互交流时从同伴那获得的信息。可以用答题板、黑板、PPT、录制的视频等形式与全班同学分享。

（八）教学中应注意的事项

（1）让学生去体验超重和失重现象，不管是指针式体重计还是数字式体重计的示数变化都很快，但数字式体重计的示数变化相对滞后。而指针式体重计指针偏转明显，示数变化容易观察，更为适合。反应比较灵敏的地磅秤也可以。

（2）人站在体重计上突然起立和下蹲过程要快，体重计的指针示数很快。而且，起立过程是先加速后减速，下蹲过程是先加速下降后减速。学生很难把示数变化和运动过程结合在一起分析，但学生确实看到了体重计上的人运动状态变化，示数也跟着变化，可以让学生感受到超重和失重现象真的就在我们身边，失重和超重真的存在，不是老师瞎编出来的。

（3）如果很多学生没有条件课前去体验，教师可以课前把体重计搬到教室，或录制视频让学生课前观察。

八、“观察—配对—分享”法

“观察—配对—分享”法也是“配对—交流”法的变式之一。

主要步骤：观察→独立思考→配对交流→分享。

案例16　研究洛伦兹力的方向

（一）合作学习任务

研究洛伦兹力的方向。

（二）合作原因

在对安培力（宏观力）的学习基础上，学生对洛伦兹力的学习难度要增大。研究对象从宏观变到微观，改变带电粒子的速度方向会影响洛伦兹力的方向变化；带电粒子曲线运动轨迹特点与高一曲线运动知识相关，而此部分知识学生已遗忘较多；学生对于三维空间下的洛伦兹力分析更是错漏百出。根据内在动机激发论，激发学习者动机的最有效手段，就是在课堂教学中建立一种“利益共同体”机制，本节课中通过教师引导学生运用已有的认知结构，建立新旧知识间的联系，通过观察—配对—分享的合作策略，引导学生通过安培力与洛伦兹力的对比、推理，找出概念间的内在联系，得出左手定则也适用于洛伦兹力方向的判定。

（三）合作目标

1. 学业目标

学生将获得从宏观到微观的知识迁移方法。通过实验展示，引导学生提出对洛伦兹力方向的猜想，归纳总结，获得探究问题并解决问题的方法，学习左手定则，感受物理的简约美。

2. 社会技能目标

（1）个体彼此提供有效的帮助。
（2）交流、分享所需的资源和信息，以便更有效地处理加工这些信息。
（3）彼此提供反馈信息，以提高合作的成效。

（四）合作方法

“观察—配对—分享”法。

（五）合作类型

非正式的合作学习。

（六）合作时间

10 分钟。

（七）合作步骤

第一步：教师引导学生回顾曲线运动的条件，拿出一长方形纸盒，请同学们画出长方体立体图形，并在长方体内指出所存在三维坐标系，要求同桌配对交流如何用身边的物品表示这三维坐标系。（2 分钟）教师请一学生代表上讲台进行分析。

第二步：教师介绍阴极射线管的结构与工作原理，展示实验过程，引导学生根据观察，把立体图转化为平面图，并在平面图中标出磁场 B 方向、电子速度 v 方向、电子运动轨迹、电子受力 f 方向。要求学生使用左手定则，独立思考 B、v、f 之间的方向关系。

第三步：同桌配对交流自己的想法，并在小组内进行分享。

（为让学生明白电子受力 f 方向与电子速度 v 方向是垂直关系，可引导学生观察洛伦兹力演示仪，并画出二维平面图。见图 3-8-1 和 3-8-2。）

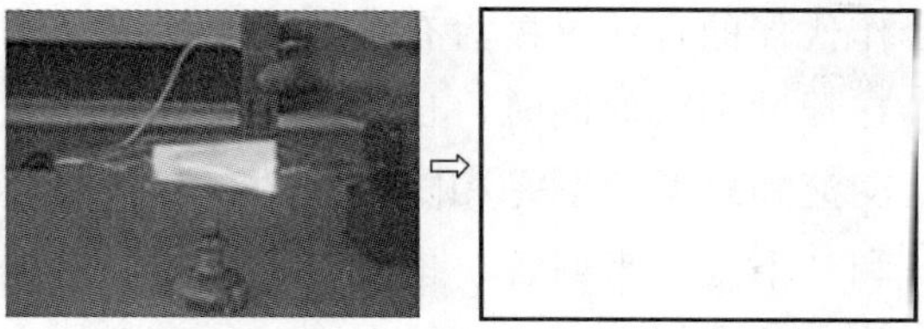

图 3-8-1

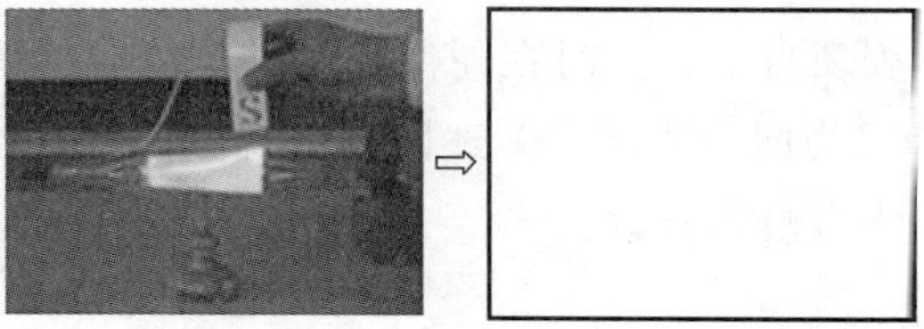

图 3-8-2

第四步：教师随机请一些同学在班级发言。发言的学生汇报的是他们两人讨论交流后的看法，而不是他自己个人的看法。教师引导学生总结出左手定则。

（八）教学中应注意的问题

很多学生对三维空间的立体图画法了解不多，这对后面学习左手定则会产生相应的学习障碍，因此在教学开始时，引导学生通过身边的物体画出或比拟出三维坐标系。

九、"说记—配对—基组—分享"结构法

"说记—配对—基组—分享"结构法也是"配对—交流"法的变式之一。主要步骤：独立思考→配对交流→分享。

案例 17　寻求摩擦力的利与弊

（一）合作学习任务

寻求物理事实描述摩擦力存在的价值与危害。

（二）合作原因

本案例中的"配对交流"和"基组分享"能让学生体验到"人多力量大"

的道理，对形成合作伙伴的责任感极为有利。让学生意识到与人合作是一件非常美好的事情，在帮助别人的同时，自己也获得进步。与强调单干、竞争的课堂不同，配对交流和思考问题是相随相伴的，案例中教师提出的问题不能用简单的“是”和“不是”来回答，也没有唯一的、标准的回答。每个学生都需在有限的时间内认真拟定自己的答案，以使自己的观点更充分、更有理、更有说服力。实际上，当学生在向自己的同伴陈述自己的观点时，他们就是在展示自己、表现自己，同时在同伴陈述时，他们必须认真倾听，接受（理解）同伴的观点，为向全班同学陈述同伴的观点而做准备。这对培养学生的表达能力和倾听能力极为有效。

（三）合作目标

1. 学业目标

学会用物理事实描述摩擦力存在的价值与危害。

2. 社会技能目标

（1）学会与人交流、分享信息，学会倾听，尊重、理解合作伙伴。

（2）敢于展示自己、表现自己，增强自己的口头语言表达能力及信心。

（3）学会用物理事实支持自己的观点，有用物理思维思考生活的意识。

（四）合作方法

“说记—配对—基组—分享”结构法。

（五）合作类型

非正式的大合作（不评价）。

（六）合作时间

3 分钟。

（七）合作步骤

第一步：教师向全班提出问题，并要求学生独立思考回答问题：请寻求物理事实描述摩擦力存在的价值与危害。

第二步：基组内两两配对，A向B先说出摩擦力有利的一个事实，B记录。

第三步：B说出摩擦力有害的一个事实，A记录。

第四步：角色互换，直到没有可说的为止。

第五步：A、B共同讨论如何利用有利摩擦力，避免有害摩擦力。

第六步：小组形成一个规范的汇报报告。

第七步：基组内分享，形成基组总报告。

第八步：教师随机抽查个别学生，请他们说说自己及同伴的看法。

（八）教学中要注意事项

提醒学生每个人都需积极参与，需找生活中的事实说明自己的观点。整个过程教师应在教室来回走动，观察学生的合作情况。

十、“小组—配对—个人”法①

“小组—配对—个人”法适用于解决难度比较大的问题。教师提出的问题是单个人力不能及的，但可从小组其他人那获得帮助，但帮助的力度会越来越小。随后，配对交流，只能从搭档那获得帮助，最后自己独立解决问题。既让学生明白每个组员对小组都是同等重要的、缺一不可的，又让学生明白当碰到凭一己之力无法完成任务时，除了选择放弃外，还有其他更好的选择——向同伴求助。学生在同伴的帮助下，目标更加坚定，自信心也会增强，面对挫折会更从容。

基本步骤：团队合作→配对合作→个人独立完成→测试。

案例18 匀变速直线运动图像

（一）合作任务

匀变速直线运动图像的特点及应用。

（二）合作原因

匀变速直线运动的图像千变万化，但归根结底，都是由四种经典图像变

① 马兰，盛群力. 多彩合作课堂[M]. 福州：福建教育出版社，2013：72-73.

化而来。要想通过研究这四种图像，归纳出一般匀变速直线运动图像的特点，在研究过程中需要综合运用前面所学的速度、加速度等知识，还需要将物理矢量的表达与数学图像综合起来，对学生的要求较高，学生有一定的求助需求。小组合作，利用团队的力量能帮助他们增强信心，掌握基本规律，为后面的应用奠定基础。但最终学生还是需要学会独立分析，所以应用“小组—配对—个人”法这种合作方法，既考虑了学生的合作需求，又能最终落实到个人能力的培养上。

（三）合作目标

1. 学业目标

通过常见的四种匀变速直线运动图像的分析，归纳总结出匀变速直线运动的速度大小和方向，加速度大小和方向的特点。并会分析一些比较复杂的图像问题。

2. 社会技能目标

在合作中体现合作学习的基本要素——积极互赖、公平参与、小组反思等，掌握一定的合作技能，如低声交流和倾听等。

（四）合作类型

正式的合作学习。

（五）合作时间

40 分钟。

（六）合作方法

“小组—配对—个人”法。

（七）合作步骤

第一步：团队合作。按组内异质原则组建 4 人小组，共同研究表示匀变速直线运动的四个经典图像（见表 3-10-1），并总结特点，确保组内每位同学都已经掌握。

表3-10-1　小组合作学习任务一

图像	速度特点（大小和方向）	加速度特点（大小和方向）	加速度与速度方向关系	运动类型
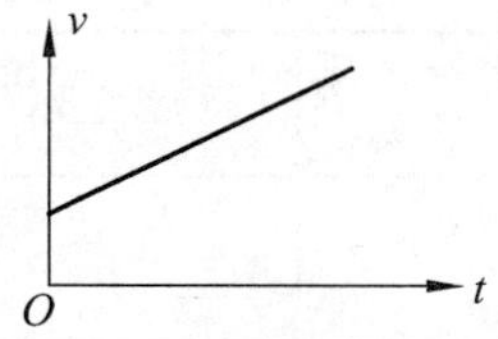				
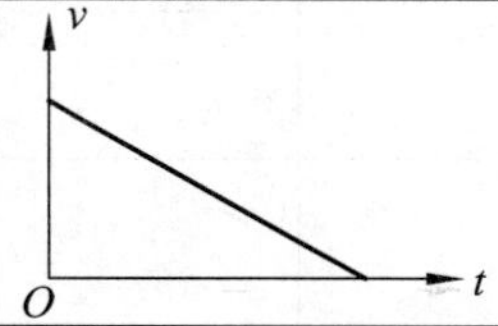				
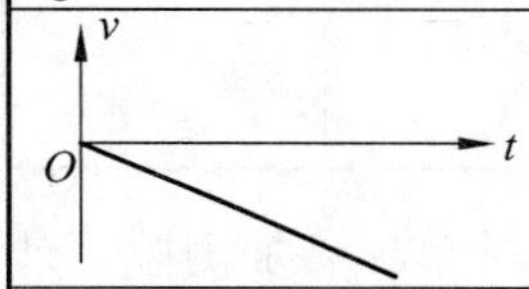				
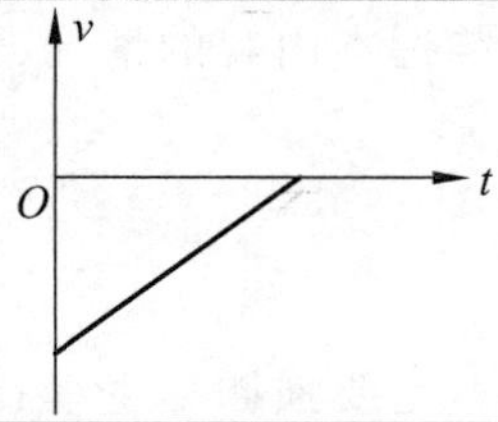				

第二步：配对合作。小组分两组配对解决表3-10-2中的类似问题，如有困难，向另一对咨询。完成后，两对核对答案。

表3-10-2　小组合作学习任务二

图像	速度特点（大小和方向）	加速度特点（大小和方向）	加速度与速度方向关系	运动类型
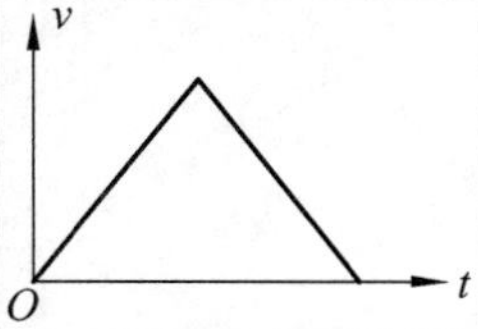				
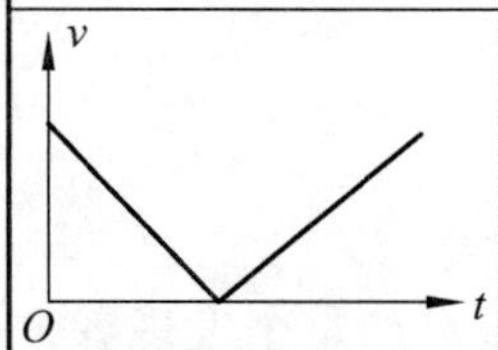				

第三步：个人独立完成。个人独立解决表 3-10-3 中类似的问题。如有困难，向同伴咨询。完成后组内核对答案。

表 3-10-3　小组合作学习任务三

图像	速度特点（大小和方向）	加速度特点（大小和方向）	加速度与速度方向关系	运动类型
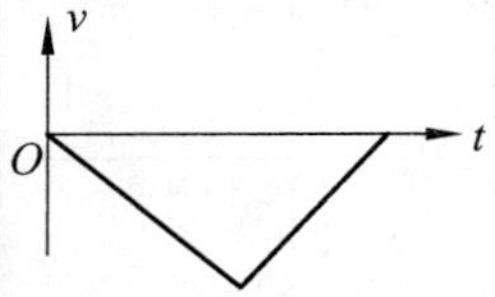				
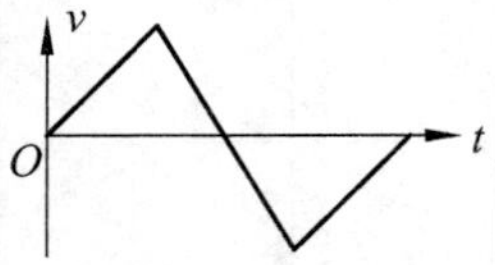				

第四步：小组测验。编制若干道图像题目，每位同学单独参加测验，计算小组总分或平均分，及时予以奖励；同时分析各小组掌握本内容的情况，根据情况确定需要补充讲解的问题或者组内帮扶。

（八）合作中注意事项

（1）最终的小组测验是小组成员积极互赖的保证，一定要强调学生单独参加测验。

（2）小组合作时要给予学生足够的时间进行讨论交流，才能保证每位同学都掌握四个图像，从而归纳出规律，为后面的个人研究奠定基础。必要时可全班进行分享交流。

（3）小组测验的题目要与本节内容类似，题目无须过多，典型、常见即可。

案例 19　探究动量守恒的条件

（一）合作学习任务

探究动量守恒的条件。

（二）合作原因

在人的内心深处都有一个根深蒂固的需要，就是希望自己是个发现者、研究者、探索者，而在学生的精神世界中，这种需要更加强烈。人的知识结构的形成，一方面离不开个人主体的活动，另一方面也离不开主体交往，从根本上讲，人的知识是社会生活中不同主体之间建构的产物，也正所谓“水尝无华，相荡乃成涟漪；石本无火，相击而生灵光”。探究新知识更需要不断地分析、预测、推导、辩证、总结，学习难度较大，所以需要众人的参与讨论争辩，更需要团队的集体思维和智慧。在前期的学习中，学生已经学习了动量、冲量、动量变化以及动量变化的原因，动量守恒定律衔接动量变化。所以教师可以设计合作任务鼓励学生主动去挖掘、去探究，并依靠团队集体智慧攻破难点，让学生成为新知识的探究者、发现者。

（三）合作目标

1. 学业目标

会根据需要建立系统，会判断物体的内力和外力，掌握系统动量守恒定律的条件，知道系统动量守恒的常见表达式，会判断物体在某种情景下是否符合动量守恒定律。

2. 社会技能目标

（1）学会有步骤地与他人合作开展有目的的学习或探究。
（2）能在集体讨论交流中应用已学知识做出合理推断。
（3）能把自己的观点清晰准确地表达出来传递给同伴。

（四）合作方法

“小组—配对—个人”法。

（五）合作类型

正式大合作（评价）。

（六）合作时间

25 ~ 35 分钟。

（七）合作步骤

第一步：组建基组，按异质 4 人一组，并组内编号 1、2、3、4。
第二步：教师提出一个问题，小组 4 人共同解决以下问题，先独立完成，再分两人配对解决，如有困难，再小组四人讨论。两组均完成后，两对交流核对答案。

如图 3-10-1 所示，质量为 5 kg 的 A 球以 3 m/s 的速度与质量为 10 kg 静止的 B 球发生碰撞，碰后 A 球以 1 m/s 的速度反向弹回，B 球以 2 m/s 的速度向前运动，求：

（1）A 球的动量变化量Δp_A？A 球动量是否发生变化？若发生变化，那为什么发生变化？

（2）B 球的动量变化量Δp_B？B 球动量是否发生变化？若发生变化，那为什么发生变化？

（2）A、B 球的总动量变化量Δp？A、B 球的总动量是否发生变化？若不发生变化，那为什么不发生变化？

（4）请试着总结动量守恒的条件。

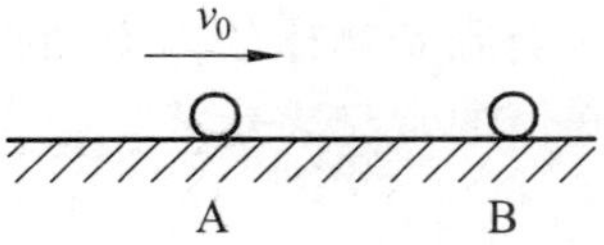

图 3-10-1

第三步：教师随机抽查小组汇报，全班交流。教师从旁把关，学生汇报对的要给予肯定与表扬，学生汇报有误的要及时纠正并引导，确保每个学生都掌握知识点：系统、内力、外力、系统动量守恒的条件、系统动量守恒的表达式。

第四步：按编号个人独立解决一个类似的问题，如表 3-10-4 所示。如有困难，可向同伴咨询。完成后组内核对答案，如有问题，组内帮助或派代表到邻近组咨询或向教师咨询。

表 3-10-4　小组合作学习任务

1 号	如图所示，甲木块的质量为 m_1，以 v 的速度沿光滑水平地面向前运动，正前方有一静止的、质量为 m_2 的乙木块，乙上连有一轻质弹簧。甲木块与弹簧接触后（　　）。 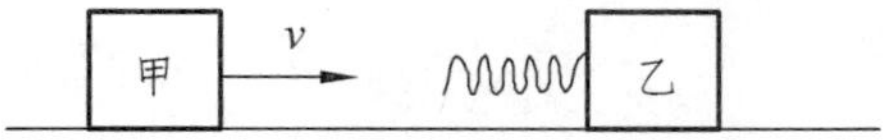 A. 甲木块的动量守恒 B. 乙木块的动量守恒 C. 甲、乙两木块所组成系统的动量守恒 D. 甲、乙两木块所组成系统的动能守恒

续表

<table>
<tr><td>2 号</td><td>把一支枪水平固定在小车上，小车放在光滑的水平地面上，枪发射出子弹时，关于枪、子弹和小车的下列说法中正确的是（　　）。
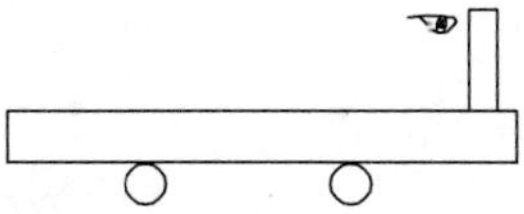
A. 枪和子弹组成的系统动量守恒
B. 枪和小车组成的系统动量守恒
C. 若忽略不计子弹和枪筒间的摩擦，枪、小车和子弹组成的系统动量才近似守恒
D. 枪、子弹和小车组成的系统动量守恒</td></tr>
<tr><td>3 号</td><td>（多项）在光滑水平面上 A、B 两小车中间有一弹簧，用两手抓住小车并将弹簧压缩后使小车处于静止状态，将两小车及弹簧看作一个系统，下面说法正确的是（　　）。
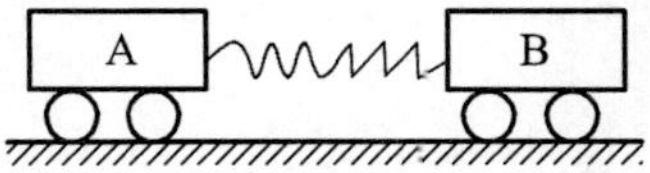

A. 两手同时放开后，系统总动量始终为零
B. 先放开左手，再放开右手后，动量不守恒
C. 先放开左手，再放开右手后，总动量向左
D. 无论何时放手，两手放开后，在弹簧恢复原长的过程中，系统总动量都保持不变，但系统的总动量不一定为零</td></tr>
<tr><td>4 号</td><td>1.（多项）如图所示，A、B 两木块紧靠在一起且静止于光滑水平面上，物块 C 以一定的初速度 v_0 从 A 的左端开始向右滑行，最后停在 B 木块的右端，对此过程，下列叙述正确的是（　　）。
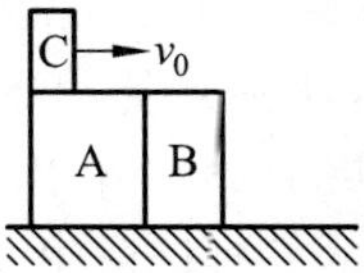

A. 当 C 在 A 上滑行时，A、C 组成的系统动量守恒
B. 当 C 在 B 上滑行时，B、C 组成的系统动量守恒
C. 无论 C 是在 A 上滑行还是在 B 上滑行，A、B、C 三物块组成的系统动量守恒
D. 当 C 在 B 上滑行时，A、B、C 组成的系统动量不守恒</td></tr>
</table>

续表

4 号	2.（多项）如图所示，小车放在光滑的水平面上，将系着绳的小球拉开到一定的角度，然后同时放开小球和小车，那么在以后的过程中（　　）。 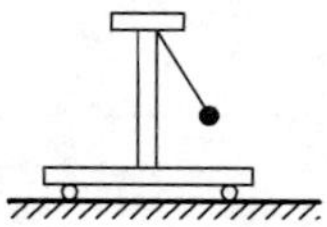 A. 小球向左摆动时，小车也向左运动，且系统动量守恒 B. 小球向左摆动时，小车向右运动，且系统在水平方向上动量守恒 C. 小球向左摆到最高点，小球的速度为零而小车的速度不为零 D. 在任意时刻，小球和小车在水平方向上的动量一定大小相等、方向相反

第五步：小组检验。小组成员课堂单独完成以下的检测题目，并上交教师批改反馈。

1. 如图 3-10-2 所示，小车与木箱紧挨着静止在光滑的水平冰面上，现有一男孩站在小车上用力向右迅速推出木箱，关于上述过程，下列说法中正确的是（　　）。

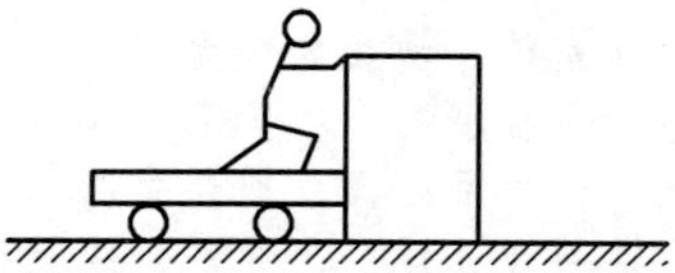

图 3-10-2

A. 男孩和木箱组成的系统动量守恒

B. 小车与木箱组成的系统动量守恒

C. 男孩、小车与木箱三者组成的系统动量守恒

D. 木箱的动量增量与男孩、小车的总动量增量不相同

2. 如图 3-10-3 所示，木块和弹簧相连放在光滑的水平面上，子弹 A 沿水平方向射入木块后留在木块 B 内，入射时间极短，之后木块将弹簧压缩，关于子弹和木块组成的系统，下列说法中正确的是（　　）。

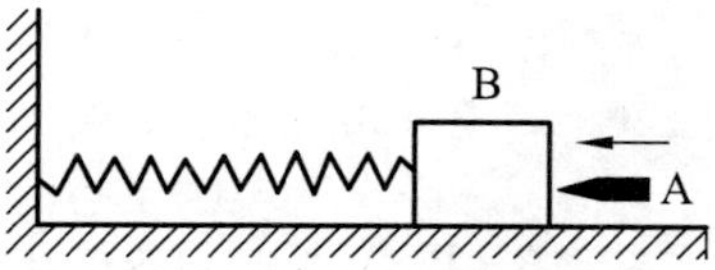

图 3-10-3

A. 从子弹开始射入到弹簧压缩到最短的过程中，系统动量守恒

B. 子弹射入木块的过程中，系统动量守恒

C. 木块压缩弹簧的过程中，系统动量守恒

D. 上述任何一个过程动量均不守恒

3.（多项）如图 3-10-4 所示，A、B 两物体的质量比 $m_A : m_B = 3 : 2$，它们原来静止在平板车 C 上，A、B 间有一根被压缩了的弹簧，A、B 与平板车上表面间的动摩擦因数相同，地面光滑。当弹簧突然释放后，则有（　　）。

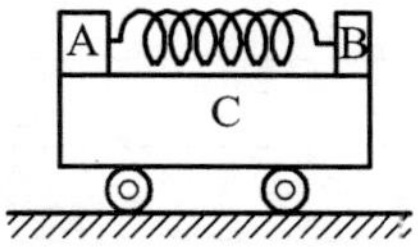

图 3-10-4

A. A、B 系统动量守恒

B. A、B、C 系统动量守恒

C. 小车向左运动

D. 小车向右运动

4.（多项）如图 3-10-5 所示，在光滑的水平面上有一静止的斜面，斜面光滑，现有一个小球从斜面顶点由静止释放，在小球下滑的过程中，以下说法正确的是（　　）。

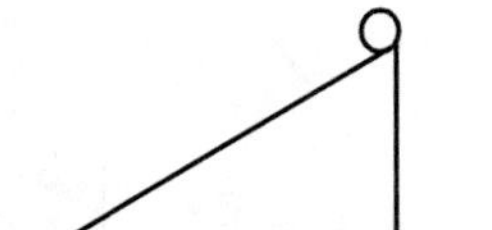

图 3-10-5

A. 斜面和小球组成的系统动量守恒

B. 斜面和小球组成的系统仅在水平方向上动量守恒

C. 斜面向右运动

D. 斜面静止不动

第五步：用成绩分阵法分析并评价每个小组学习效果（见表 3-10-5）。

表 3-10-5 小组学习效果评价表

小组名称：____________

小组成员	分数						
	测试题 1	测试题 2	测试题 3	测试题 4	总分	基线分	提高分
1 号：							
2 号：							
3 号：							
4 号：							
小组总分							
小组平均分							
小组奖励							

表 3-10-5 中基线分是根据最近前 3 次测试的原始分之和求的平均分，例如，某生的最近三次单元测验（总分 100 分）成绩分别为：68、53、62，那么，该生在 100 分制中的基线分数为（68 + 53 + 62）÷ 3 = 61；如果测试不是 100 分制，那就按百分比例把 61 分换算为该次测试的基线分 = $30\times\frac{61}{100}=18$。测试总分与提高分的换算方法如表 3-10-6 所示。

表 3-10-6 小组测试总分与提高分换算表

测验分数（100 分制）	提高分
低于基线分 10 以上	0
低于基线分 1 ~ 10 分	10
等于基线分或超出 10 分以内	20
超出基线分 10 分以上	30
答卷出色（不论基线分多少）	30

（八）教学中要注意事项

（1）由于本节课内容多，探究性强度大，所以合作时间可以根据学生的实际情况安排。

（2）成绩分阵法是课后教师批改学生检测题后的分析与汇报，汇报结果应在下一堂课及时进行，并要表扬优秀小组。

（3）教学实践中教师还可以引入一个通俗易懂的生活例子：一男一女组成夫妇，先生给太太 8 万元，请思考“先生的钱有变化吗，有什么变化？”

“太太的钱有变化吗？有什么变化？”“该夫妇的钱有变化吗？”“你认为变或不变的依据是什么？”“该例子对你学习第二步中的问题有没有启发呢？”

十一、“配对—操作—整合”法

“配对—操作—整合”法与“配对—交流—整合”法类似。适用于技能的训练，如学生合作实验。通过学习任务的明确分工，由于需要两人轮流操作，有效避免了学生在实验中大包大揽或充当看客的现象。体现了责任到人、公平参与，机会均等。

基本步骤：合理分组→配对轮流操作→共同整合交流结果→评价。

案例20　探究作用力与反作用力的关系

（一）合作学习任务

探究作用力与反作用力的关系。

（二）合作原因

传统实验教学中，教师一般采用演示实验或分组实验。演示实验教学中学生只有看的份，没有参与其中，动手能力得不到培养。而分组实验中，一些动手能力强、兴趣浓厚的学生常会占据操作这一环节，但有的只动手不动脑；有的学生动手能力较弱，只能记录一下数据；有些对自己不够自信、害羞的学生则选择放弃，充当看客的角色，失去了表现自己的机会，没有平等参与到教学活动之中。在合作小组学习中，这种不平等也仍然存在，话语权、操作权同样被那些能力强的学生掌握着。卡甘认为由于学生天赋和性格的不同，每个学生对集体的贡献也不可能完全一样，所以真正意义上的平等在教学实践上是无法实现的。教师所能做的就是尽量为每个学生提供同等的学习机会和表现自己的机会。本案例采用“配对—操作—整合”法进行实验教学，通过明确每人每步的任务分工，让每个学生承担一定的任务，切实做到责任到人。“责任到人”几乎是所有合作学习基本原理都会涉及的一个基本要素，能防止有些学生大包大揽，而有些学生则坐享其成、搭顺风车。每个人都必须完成任务，实验的成功与否必须依赖对方，谁都不能只作为一个看客。体现了卡甘合作学习的基本原则：积极互赖、责任到人、公平参与、同时互动。

（三）合作目标

1. 学业目标

（1）通过实验探究，得出一对作用力和反作用力间的大小、方向、作用点等关系。

（2）能正确表述牛顿第三定律。

2. 社会技能目标

（1）通过合作交流培养学生相互帮助，取长补短、相互尊重、相互鼓励、相互学习的能力。

（2）学会表达自己的见解。

（3）学会自己动手实验和处理信息、总结规律。

（四）合作方法

“配对—操作—整合”法。

（五）合作类型

正式的合作学习。

（六）合作时间

10～15 分钟。

（七）合作步骤

第一步：分组。两人一组，考虑成绩、动手能力、性别的差异，做好搭配。

第二步：教师设疑。以卵击石，鸡蛋“粉身碎骨”，但石头却“安然无恙”，是不是可以认为鸡蛋对石头的力小，而石头对鸡蛋的力大呢？两个物体之间的作用力和反作用力存在怎样的关系呢？

第三步：配对猜想。小组内两人轮流说自己的猜想及理由，对方记录。

请从作用力和反作用力的大小、方向、作用点等进行猜想。并思考是否先有作用力再有反作用力？作用力和反作用力的性质是否相同？作用力和反作用力的受力物体是否相同？

第四步：实验探究。两位同学轮流按表 3-11-1 所示分工完成任务，双方不能替代操作，有一方不懂操作时，另一方只能教会对方怎么操作，不能代替操作。

表 3-11-1　小组合作学习任务

<table>
<tr><td>任务</td><td colspan="2">A（姓名：　　　　）</td><td>B（姓名：　　　　）</td></tr>
<tr><td>实验原理及方案</td><td colspan="3">两人一起思考讨论，得出实验设计方案：如图，两弹簧测力计连接在一起，共线对拉。测力计 B 受到 A 的拉力为 F，测力计 A 受到 B 的拉力为 F'.探究 F 与 F' 的大小、方向的关系？
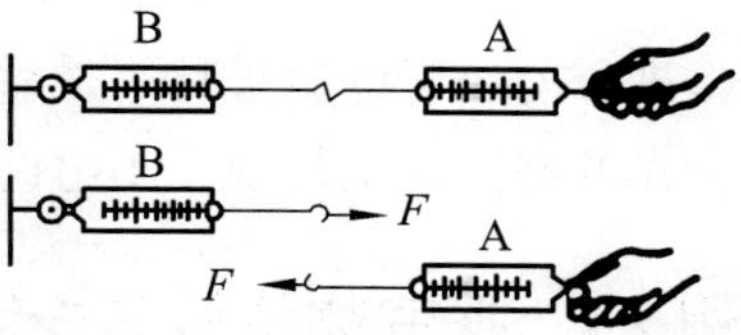</td></tr>
<tr><td>实验 1</td><td colspan="2">如上图，两弹簧测力计水平、共线连接在一起，B 的左端固定，用手水平向右拉测力计 A,拉力由小变大。</td><td>观察两弹簧测力计的示数变化，记录两测力计的至少 4 组读数，即 F 与 F' 的大小。</td></tr>
<tr><td>实验 2</td><td colspan="2">观察两弹簧测力计的示数变化，记录两测力计的至少 4 组读数，即 F 与 F'的大小？</td><td>两弹簧测力计水平面上连接在一起，使它们共线对拉，拉力由小变大。</td></tr>
<tr><td>数据记录及处理</td><td colspan="3"><table>
<tr><td>力</td><td colspan="4">大小</td><td>方向</td><td>作用点（受力物体）</td><td>作用效果</td><td>性质</td><td>产生的先后顺序</td></tr>
<tr><td>F'</td><td></td><td></td><td></td><td></td><td></td><td></td><td></td><td></td><td></td></tr>
<tr><td>F</td><td></td><td></td><td></td><td></td><td></td><td></td><td></td><td></td><td></td></tr>
</table></td></tr>
<tr><td>实验结论</td><td colspan="3"></td></tr>
<tr><td rowspan="4">评价</td><td>自评（总 5 分）</td><td colspan="2"></td></tr>
<tr><td>小组互评（总 5 分）</td><td colspan="2"></td></tr>
<tr><td>教师组评（总 10 分）</td><td colspan="2"></td></tr>
<tr><td>个人总分</td><td colspan="2"></td></tr>
</table>

第五步：4 人小组内交流总结本实验，得出实验结论，形成实验报告。

第六步：教师抽查部分小组汇报。

第七步：评价：个人总分 = 自评分的 30% + 小组互评分的 30% + 教师组评分的 40%。教师只对配对组打一个小组分，不单独对个人打分。

（八）合作中注意事项

（1）两人配对分组很重要，教师一定要考虑学生逻辑能力、动手能力方面、男女搭配的差异等，当班级人数为奇数时，多出的一人可与其中一组组成三人小组，但仍要遵循轮流操作的原则。

（2）为避免其中一个人大包大揽或两人各自为政，教师除强调合作的重要性外，还要不断巡视，对小组的合作情况打组评分，促进小组的积极互赖。

（3）评价可当堂进行，也可课后进行。最后得到的个人总分由三部分组成，因此既包含了个人的努力，也体现了小组的合作。

案例 21　探究物体做曲线运动的条件

（一）合作任务

探究物体做曲线运动的条件。

（二）合作原因

根据多元智能理论，每个人在语言、音乐、空间、逻辑、运动、人际等方面的智能是有差异的，在教学中，扬长避短，因材施教很重要，但一味地扬长，而长期忽视学生的短板也是不可取的，必要时还要扬长补短。在实验教学中发现，有的学生动手能力强，兴趣浓厚，在分组实验中总是占据操作这一环节，但有时只动手不动脑；有的学生动手能力较弱，只能记录一下数据，甚至充当看客的角色，长此以往，学生在空间、运动、逻辑等方面的智能发展愈发不平衡。通过配对合作实验，一方面可以使学生相互间能取长补短，发展自己的短板；另一方面，可以使学生发现别人的优点和长处，学会彼此欣赏。当学生（特别是学习上长期处于弱势的学生）利用自己的长处获得成功时，将会产生极大的自豪感，别的同学也会刮目相看。这种相互欣赏对小组的建设和后期的合作大有裨益。

（三）合作目标

1. 学业目标

通过实验探究，得出物体做曲线运动的条件。

2. 社会技能目标

通过合作交流培养学生相互帮助，取长补短、相互尊重、相互鼓励、相互学习的能力。

（四）合作类型

正式的合作学习。

（五）合作时间

5 ~ 8 分钟。

（六）合作方法

“配对—操作—整合”法。

（七）合作步骤

第一步：分组。两人一组，考虑成绩、动手能力、性别的差异，做好搭配。准备好实验所需器材：小铁球、磁铁、铺垫白纸的光滑桌面，圆弧形轨道，直尺、铅笔。

第二步：配对操作。两位同学轮流按表 3-11-2 分工完成任务，双方不能替代操作，有一方不懂操作时，另一方只能教会对方怎么做，不能代替操作。

表 3-11-2　小组合作学习任务

任务	A（姓名：　　　　）	B（姓名：　　　　）
实验步骤	将圆弧形滑轨放在平滑桌面的白纸上，使其底端出口与桌面相切	在小球出口处沿运动方向用直尺在白纸上画出一条直线
	让小铁球从圆弧形滑轨的上端滚下，观察小铁球在桌面上的运动情况，并把实验结果记录在表格中	将条形磁铁放在小铁球运动方向的正前方，让小铁球从圆弧形滑轨的上端滚下，观察小铁球在桌面上的运动情况，并把实验结果记录在表格中
	将条形磁铁放在小铁球运动方向旁的适当位置，让小铁球从圆弧形滑轨的上端滚下，观察小铁球在桌面上的运动情况，并把实验结果记录在表格中	调整磁铁的摆放位置，让小铁球从圆弧形滑轨的上端滚下，观察小铁球在桌面上的运动情况，并把实验结果记录在表格口

续表

<table>
<tr><td>任务</td><td colspan="2">A（姓名：　　　　）</td><td>B（姓名：　　　　）</td></tr>
<tr><td>结果记录</td><td colspan="3">
<table>
<tr><td></td><td>小球在桌面上所受合力（F）方向</td><td>小球在桌面上时的速度方向（v）</td><td>合力的方向和速度方向的关系</td><td>实验结论</td></tr>
<tr><td>1</td><td></td><td></td><td></td><td></td></tr>
<tr><td>2</td><td></td><td></td><td></td><td></td></tr>
<tr><td>3</td><td></td><td></td><td></td><td></td></tr>
<tr><td>4</td><td></td><td></td><td></td><td></td></tr>
<tr><td></td><td></td><td></td><td></td><td></td></tr>
</table>
</td></tr>
<tr><td>实验结论</td><td colspan="3"></td></tr>
<tr><td rowspan="4">评价</td><td>自评（总 5 分）</td><td colspan="2"></td></tr>
<tr><td>小组互评（总 5 分）</td><td colspan="2"></td></tr>
<tr><td>教师组评（总 10 分）</td><td colspan="2"></td></tr>
<tr><td>个人总分</td><td colspan="2"></td></tr>
</table>

第三步：整合。实验完成后，两人共同整理实验结果，得出实验报告。

第四步：进行评价。个人总分 = 自评分的 30% + 小组互评分的 30% + 教师组评分的 40%。教师只对配对打一个小组分，不单独对个人打分。

（八）合作中注意事项

（1）分组至关重要，教师一定要考虑学生逻辑能力和动手能力方面的差异，这样才能达到取长补短的效果。男女生在实验能力方面的差异也比较明显，尽量能够男女搭配。当班级人数为奇数时，多出的一人可与其中一组组成三人小组，但仍要遵循轮流操作的原则。

（2）为避免其中一个人大包大揽或两人各自为政，教师除强调合作的重要性外，还要不断巡视，对小组的合作情况打组评分，促进小组的积极互赖。

（3）评价包括个人自评、小组成员互评、教师组评。通过自评和互评发现自己和同伴的长处，教师的组评则可以促进小组的真正合作。评价可当堂进行，也可课后进行。最后得到的个人总分由三部分组成，因此既包含了个人的努力，也体现了小组的合作。

案例 22　探究小车速度随时间变化的规律

（一）合作学习任务

探究小车速度随时间变化的规律。

（二）合作原因

学生需要实际参与实验，才能摆脱纸上谈兵学实验的现象。而合作，才能快速而有效地完成实验。以往的实验中由于实验操作手册没有提出明确的分工要求，往往容易出现一个人包揽操作，另一个人只是记录一下数据或根本没有参与到实验中来的情况。本案例明确了实验中每个同学的操作任务，实现了在实验中积极互赖。

（三）合作目标

1. 学业目标

（1）会运用已学知识处理纸带，求各点瞬时速度。
（2）会用表格法处理数据，并合理猜想。
（3）巧用 v-t 图像处理数据，观察规律。

2. 社会技能目标

通过合作交流培养学生相互帮助，取长补短、相互尊重、相互鼓励、相互学习的能力。

（四）合作类型

正式的合作学习。

（五）合作方法

“配对—操作—整合”法。

（六）合作时间

40 分钟。

（七）合作步骤

第一步：分组。两人一组，考虑成绩、动手能力、性别的差异，做好搭配。

第二步：准备好实验所需器材。

纸带、电火花打点计时器、学生电源、220 V 电源、墨粉纸、小车、带滑轮的长木板、沙和沙桶、细线、

第三步：自主学习。（8 分钟）

（1）实验目的（是什么）：

① 进一步熟悉怎样使用打点计时器。

② 测定匀变速直线运动的加速度。

（2）实验原理：

① 利用打点计时器所打纸带的信息，代入计算式 $v_n = \frac{x_n + x_{n+1}}{2T}$，即用以 n 点为中心的一小段位移的平均速度代替 n 点的瞬时速度。

② 用描点法作出小车的 $v-t$ 图像，根据图像的形状判断小车的运动性质。

（3）实验步骤：

① 如图 3-11-1 所示，把附有滑轮的长木板放在实验桌上，并使滑轮伸出桌面，把打点计时器固定在长木板上没有滑轮的一端，连接好电路。

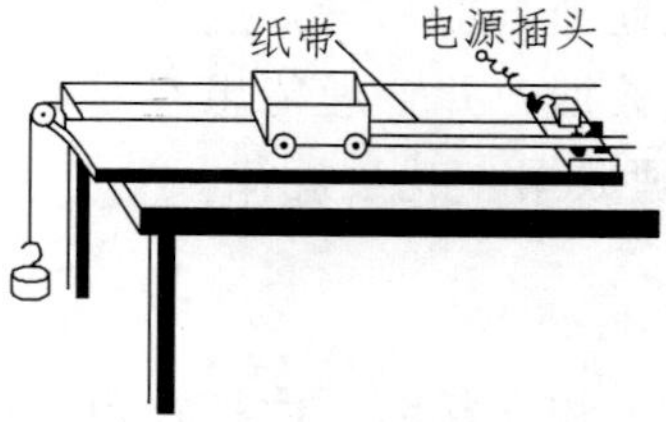

图 3-11-1　实验装置

② 把一条细绳拴在小车上，使细绳跨过滑轮，下边挂沙桶，把纸带穿过打点计时器，并把纸带的一端固定在小车的后面。

③ 把小车停在靠近打点计时器处，接通电源后，释放小车，让小车拖着纸带运动，打点计时器就在纸带上打下一列小点。

④ 换上新的纸带，重复实验两次。

⑤ 增减沙的质量，按以上步骤再做两次实验。

（4）注意事项：

① 打点计时器限位孔要和长木板纵轴对齐再固定在长木板上，使纸带、小车、拉线和定滑轮在一条直线上。

② 开始释放小车时，应使小车靠近打点计时器. 先接通电源，等打点稳定后，再释放小车。

③ 打点完毕，立即断开电源。

④ 选取一条点迹清晰的纸带，适当舍弃点密集部分，适当选取计数点（注意计数点与计时点的区别），弄清楚所选的时间间隔 T 等于多少秒。

⑤ 要防止沙桶落地，避免小车跟滑轮相碰，当小车到达滑轮前及时用手按住。

⑥ 要区分打点计时器打出的计时点和人为选取的计数点，一般在纸带上每隔 4 个点取一个计数点，即时间间隔为 $t = 0.02 \times 5\ \text{s} = 0.1\ \text{s}$。

⑦ 在坐标纸上画 $v - t$ 图像时，注意坐标轴单位长度的选取，应使图像尽量分布在较大的坐标平面内。

第四步：按表 3-11-3 分工完成任务，双方不能替代操作，有一方不懂操作时，另一方只能教会对方怎么做，不能代替操作。（32 分钟）

表 3-11-3　小组合作学习任务

任务	A（姓名：　　　　　）	B（姓名：　　　　　）
安装实验器材	把附有滑轮的长木板放在实验桌上，并使滑轮伸出桌面，把打点计时器固定在长木板上没有滑轮的一端，连接好电路。	把细绳和小车连接好，在小车后面的回形口上安装好纸带。
	把车放上长木板，使纸带穿过打点计时器的限位孔。	用天平称沙和沙桶的质量，注意把总质量控制在 40 ~ 100 g。
	把绳搭到定滑轮上，用手扶住小车。	把细绳的另一端系上沙桶。使纸带、小车、拉线和定滑轮在一条直线上，调节定滑轮使细绳与木板平行。
	双方讨论：这一步骤的目的是什么？	
打纸带	把小车停在靠近打点计时器处，接通电源后，释放小车，让小车拖着纸带运动。	在小车到达定滑轮前时按住小车。
数据处理（求纸带上各点的瞬时速度）	选取一条点迹清晰的纸带，适当舍弃点密集部分，每隔四个点选取一个计数点，并依次标上 0、1、2……	依次测出 01、02、03……之间的距离 l_1、l_2、l_3……
	根据测量数据求出纸带上前三个间隔的大小，并求出 v_1、v_2、v_3 把数据填入下表。	根据测量数据求出纸带上后三个间隔的大小，并求出 v_4、v_5。把数据填入下表。

续表

<table>
<tr><td>任务</td><td colspan="2">A（姓名：　　　　）</td><td colspan="2">B（姓名：　　　　）</td></tr>
<tr><td>数据处理（求纸带上各点的瞬时速度）</td><td colspan="4">
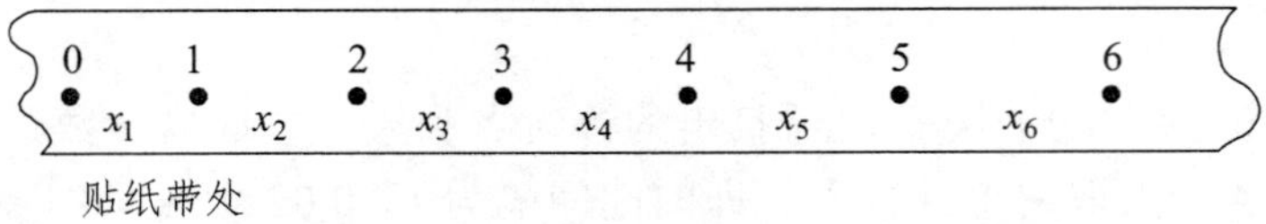

<table>
<tr><td>计数点序</td><td>1</td><td>2</td><td>3</td><td>4</td><td>5</td><td>6</td></tr>
<tr><td>t/s</td><td>0.1</td><td>0.2</td><td>0.3</td><td>0.4</td><td>0.5</td><td>0.6</td></tr>
<tr><td>$l_n/\times10^{-2}$ m</td><td></td><td></td><td></td><td></td><td></td><td></td></tr>
<tr><td>$x_n/\times10^{-2}$ m</td><td></td><td></td><td></td><td></td><td></td><td></td></tr>
<tr><td>v_n/m·s^{-1}</td><td></td><td></td><td></td><td></td><td></td><td></td></tr>
</table>
</td></tr>
<tr><td rowspan="4">数据处理（作 v-t 图像）</td><td colspan="2">通过计算选择纵轴 v 的单位长度，并标上刻度</td><td colspan="2">通过计算选择横轴的单位长度并标上刻度</td></tr>
<tr><td colspan="2">在表格上描点 v_1、v_2、v_3</td><td colspan="2">在表格上描点 v_4、v_5</td></tr>
<tr><td colspan="4"></td></tr>
<tr><td colspan="4">根据图像，共同思考下列问题：
① 图上各点的分布有什么规律？可以用一条怎样的线拟合这些点？
② 若某个点明显偏离图像，可能是什么原因？怎样处理？
③ 从图上可以看出小车的速度随时间怎样变化？
④ 观察 v-t 图像，你还发现了什么？</td></tr>
<tr><td>实验结论</td><td colspan="4"></td></tr>
<tr><td>误差分析</td><td colspan="2"></td><td colspan="2"></td></tr>
<tr><td>实验中存在的问题</td><td colspan="2"></td><td colspan="2"></td></tr>
<tr><td>实验改进</td><td colspan="2"></td><td colspan="2"></td></tr>
<tr><td>自评（5分）</td><td colspan="2"></td><td colspan="2"></td></tr>
<tr><td>小组互评（5分）</td><td colspan="2"></td><td colspan="2"></td></tr>
<tr><td>教师组评（10分）</td><td colspan="4"></td></tr>
<tr><td>个人总分</td><td colspan="2"></td><td colspan="2"></td></tr>
</table>

注：个人总分＝自评分的30%＋小组互评分的30%＋教师评分的40%。

第五步：进行评估与评价。

（八）教学中的注意事项

（1）分组要注意是异质分组。

（2）在学生实验中为避免出现个人大包大揽的情况，教师要不断地巡视，对小组的合作情况打组评分，促进小组的积极互赖。

（3）课后要做好组内的操作互评和教师的点评。

十二、配对复习法

配对复习法也是“配对—交流”法的变式之一。

主要步骤：独立思考→配对交流→分享。

案例 23　运动类型的判别

（一）合作学习任务

运动类型的判别。

（二）合作原因

配对复习是一种极具特色的合作学习方法，其核心成就就是“出声想”。让学生“出声想”，是一种促进学生加深理解、帮助学生相互学习的极好途径，同时，它也有助于学生合作技能的进一步发展，促进学生交流互动的方式。通过全体学生的共同参与来培养和促进学生间的互动，促使学生必须和他人分享自己的思想观点。能创设一个使全体学生都能感受到同伴关心、交流互动的舒适情境。

（三）合作目标

1. 学业目标

会根据力与速度关系判别运动类型。

2. 社会技能目标

（1）学会倾听、提问、反馈、表达自己的观点。

（2）学会与人合作，给他人提意见，给他人指导。

（3）增强说服别人、解决冲突的能力。

（四）合作方法

配对复习法。

（五）合作类型

正式的合作学习。

（六）合作时间

10 分钟。

（七）合作步骤

第一步：合作小组的成员以两两配对的方式开始工作。每个成员都有一份相同的问题清单，如表 3-12-1 所示。

表 3-12-1　小组合作学习任务

序号	物体受力与速度间的关系	物体运动类型	物体速度变化情况
1	合外力与速度的方向平行且方向相同		
2	合外力与速度的方向平行且方向相反		
3	合外力与速度的方向夹角始终为锐角		
4	合外力与速度的方向夹角始终为钝角		
5	合外力等于零，速度不为零		
6	力与速度的方向夹角始终为直角		

第二步：每对中的 1 号同学（思考者）看着第一个问题并进行“出声想”（即出声的思维，把自己正在思考的内容用词语呈现、描述出来），2 号同学承担“帮助者”的角色：倾听，表示赞同或质疑，并在 1 号同学有错误或不懂时给予帮助，提出问题或者建议等。完成第 1 题。

第三步：角色交换，2 号成为思考者，1 号成为帮助者，提供帮助和支持。完成第 2 题。

第四步：每完成两个问题后，4人合作小组相聚一次，就1、2两题的答案进行探讨，如果意见一致，则两人回去继续讨论的后面的两题；如果不一致，大家相互说服，直到达成一致结果后回去继续讨论剩下的题。

第五步：重复二、三、四步骤，1号继续完成第3题，2号继续完成第4题。

第六步：重复二、三、四步骤，1号继续完成第5题，2号继续完成第6题。

第七步：全班分享。抽查某位同学回答任意问题，该同学的回答代表小组的意见。

（八）教学中要注意事项

（1）每个成员都要向同伴阐述自己的思维过程，帮助者要认真倾听，提供帮助与支持。

（2）小组成员角色要有轮换。

（3）每个同学都应理解所有问题，至少知道小组里的共同答案，汇报的应是小组的共同看法，而不是个人的。

十三、人形矩阵法

人形矩阵法适用于价值观层面的讨论或在深入思考之前激发思考、激活思维。通过独立思考、讨论交流、倾听双方的阐述等以确定自己的立场。从而习得知识。

主要步骤：选定站位→证明自己的观点→阐述观点→可改变站位→反思、总结。

案例24　决定自由落体运动快慢的因素

（一）合作学习任务

澄清决定自由落体运动快慢的因素。

（二）合作原因

学生会从生活经验中拥有一个表象的、不完善的落体运动观念，认为越重的物体下落得越快，但有些学生发现有些现象不是“物体越重，下落得越快”的，产生矛盾。采用人形矩阵法使学生在深入思考影响自由落体运动的快慢的因素前激发其思考、激活思维。通过独立思考、讨论交流、倾听双方的阐述等以确定自己的立场，从而由学生共同澄清了决定自由落体运动快慢的因素。

（三）合作目标

1. 学业目标

知道决定自由落体运动快慢的因素与质量无关。

2. 社会技能目标

（1）培养在公众场合发表独立见解的能力，以及尊重别人，平等参与等社会技能。

（2）增强的自我认知能力，明确自己的立场，并学会明确地表达出来。

（四）合作方法

人形矩阵法。

（五）合作类型

非正式的合作（不评价）。

（六）合作时间

10 分钟。

（七）合作步骤

第一步：教师课前向全班发放任务清单。

你认为重的物体比轻的物体下落快吗？物体从空中自由落下的快慢与什么因素有关呢？请自行设计一个或多个实验来论证你的观点。要求设计简单、科学、合理，可操作性和演示性好。可参考表 3-13-1 中的实验方案。

表 3-13-1　研究决定物体下落快慢的因素

实验方案	实验现象	定性分析现象背后的本质	列举生活中的类似事例
1. 重量大的粉笔和轻薄纸片谁下落得快？			
2. 半张纸团成的纸团与一张纸呢？			
3. 树叶和石头同时从相同的高度开始下落。			
4. 树叶包着石头和另一块质量相等的石头同时下落。			
5. 硬币和纸片。			
6. 两块质量不同的石头绑在一起自由下落与单独一块石头自由下落。			

第二步：上课开始，教师在教室中画一条假想的线，左侧是赞成“物体越重，下落得越快”的，右侧是赞成“物体下落的快慢与质量无关”的，没确定立场的在原位，让学生自由选择站位。（30 秒）

第三步：相邻的同学（2 人或 4 人）讨论为什么选择这个位置。用实验来论证自己的观点。（2 分钟）

第四步：两侧各派代表向全班阐述立场，在阐述观点期间，所有人都可自由改变立场，走到另外一侧；事先没确定立场的同学也可以做出选择。但每人只有一次改变立场的机会。（2 ~ 4 分钟）

第五步：请未确定立场的同学发言，说出自己的疑惑。如果最终全班都选定了立场，则挑选中途改变立场的同学发言。

（八）教学中应注意的事项

（1）应课前发放任务清单，让学生有时间准备：思考、设计实验、解析现象等。

（2）每人只有一次改变立场的机会，教师应提醒学生慎重考虑自己的立场。

（3）鼓励学生用实验验证自己的想法。

十四、思维联动法

思维联动图是一种借助词语网、概念图或者思维导图来反映事物相互关系的方法。本方法通过绘画、语词来反映概念之间的关系。小组成员需轮流用不同颜色的彩笔增添与主题相关的、能反映自己见解的语词、图画，以此来实现平等参与、人人尽责。本方法适用于概念的学习，课堂小结、章节复习等。

基本步骤：写出中心议题→小组成员轮流增添语词、图画→全班分享。

案例 25　探究作用力与反作用力的特点

（一）合作学习任务

探究作用力与反作用力的特点。

（二）合作原因

要实现对牛顿第三定律的深入理解，还需要从力的性质、作用的同时性等进一步认识，并进行定量的探究。高一的学生好奇心强，有较强的参与意识。因此，在教学中通过合作学习与各种物理情景设置，引发学生“思维冲突”，激发学生的学习兴趣，引导学生动手设计实验探究作用力与反作用力的大小、方向、作用点及性质，并运用规律来解决问题，提高动手能力。

（三）合作目标

1. 学业目标

理解牛顿第三定律，会用牛顿第三定律解释生活中的有关现象。

2. 社会技能目标

（1）通过分工合作，共同努力，达到完善知识体系的目标。

（2）对彼此得出的结论和推理过程提出质疑，以提高对所考虑的问题的决策质量和理解程度。

（四）合作方法

思维联动法。

（五）合作类型

正式的大合作（评价）。

（六）合作时间

20 分钟。

（七）合作步骤

第一步：基组（一般有 4 人）中每两名同学有一张白纸，在纸的中央写上一个主要概念，如作用力与反作用力，也可画上一幅图，如图 3-14-1，以此作为小组讨论的中心议题。

第二步：通过实验观察，如图 3-14-2，每个配对同桌成员（1 号与 2 号同桌，3 号与 4 号同桌）轮流在思维导图的线条上写或画一些与上述概念（或图画）相关的词语或图画。（说明：从 1 开始，每人轮流写，要求一人一次先写一至两条，每个人要对自己所写的一部分负起责任，每人用一支不同的彩色或蜡笔。在同桌配对最终完成的图上，所有的颜色都应有一席之地。）

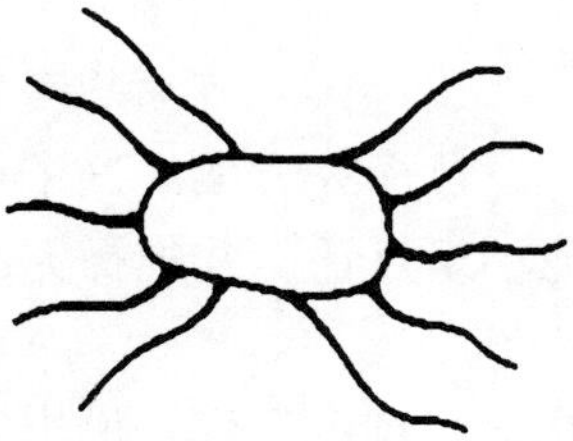

图 3-14-1

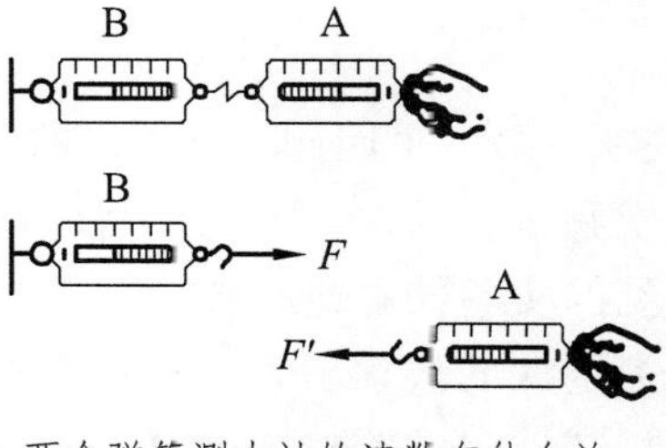

两个弹簧测力计的读数有什么关系？它们受力的方向有什么关系？

图 2-14-2

第三步：每人继续轮流增添与主题相关的，反映自己见解的语词、图画，在写、画时注意，每人可使用不同的色彩和字体以使本组的思维导图更易理解、更易记忆。

第四步：完成思维导图后，1 号和 4 号重新配对。1 号向 4 号介绍刚才自己与 2 号讨论的结果，4 号向 1 号介绍刚才自己与 3 号讨论的结果。2、3 号同样。这样两次交流后，小组中每个人都了解了其他成员的想法。

第五步：小组内达成统一意见，代表举手示意。当班上超过一半小组举手示意时，教师可以请某一小组的代表阐释本组的思维导图，在阐述时要讲明本组每一位同学的贡献以及本组同学还存在的疑惑。

（八）教学中注意事项

（1）在实验过程中，学生主要探讨的是固体与固体间的相互作用力，对于作用力与反作用力大小在任何情况下大小相等，方向相反，若教师不深入探讨，学生认识会出现偏颇，因此，可引导学生思考以下问题：

① 作用力和反作用力在加速运动的情况下大小相等，方向相反吗？

② 作用力和反作用力在液体中（见图 3-14-3）是否也是大小相等，方向相反？

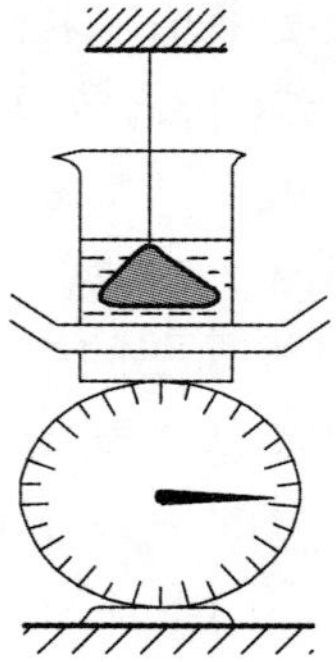

图 3-14-3

（说明：第一个问题，条件好的学校可利用力的传感器进行演示，也可通过播放视频进行探讨。第二个问题可借助图 3-14-3 引导学生课后思考，需要那些常见的实验器材进行探讨，合作小组讨论，设计探究方案。这个可作为下一节习题课的教学引入。通过小组展示，其他小组点评，并把探究结果写在思维导图上，完善对牛顿第三定律的理解。）

（2）在实验验证前，教师通过演示，鼓励同学们自由发言，说出实验操作中要注意的事项。引导学生在画思维导图时，要学会等待对方画完所负责的部分，对基础差的同学要多用鼓励的语言提示，但不能代替其完成。

（3）教师在巡视各组活动时，要认真观察各组中的轮流书写情况，耐心倾听。

十五、成绩分阵法[①]

成绩分阵法是开发最早、应用最广泛的合作学习方式之一。成绩分阵法是教师讲授和小组学习相结合的合作方法。它不排斥传统的讲授教学，反而

① 马兰，盛群力. 多彩合作课堂[M]. 福州：福建教育出版社，2013：5-6.

是从教师讲授开始，小组合作也比较简单，对于刚刚接触合作学习的教师而言，是比较容易接受和操作的。成绩分阵法最突出的特点是使学生的努力得到认可和强化。它独特的计分方式使每个学生不管以往成绩如何，通过努力，都有机会为小组做出贡献，实现机会均等、平等参与。

操作步骤：全班教学→小组学习→独立测验→计算分数→小组奖励。

案例 26　运动快慢的描述——速度

（一）合作任务

运动快慢的描述——速度。

（二）合作原因

本节课有四个概念：平均速度、瞬时速度、速率、平均速率，学生极容易混淆不清，另外初中学过的速度概念对于本节课反倒有抑制作用，用极限思维定义瞬时速度学生很难理解。因此本节课的内容比较适合教师讲授。但传统的讲授方式知识呈单一流动性，由教师流向学生，不同层次学生掌握程度必然千差万别，导致学生知识距离拉大。本案例采用成绩分阵法，以教师精讲开始，中间配以小组合作学习，通过小组内的互核互查，增加了知识从学生到学生的双向流动过程，以小组所有成员均掌握知识为目标，增加了成员间的积极互赖，照顾了中差学生。最后的单独检测，小组计分的方式，激励小组每位成员尽自己的能力为小组做贡献，激发学生学习的动机。

（三）合作目标

1. 学业目标

（1）理解速度的概念，领会其矢量性，体会其在初中基础上的深化，知道速度的方向即为物体运动的方向。

（2）知道瞬时速度是表示某一时刻的速度，了解平均速度与瞬时速度的区别和联系。

（3）知道速度和速率、平均速度和平均速率的区别和联系，能在生活中正确使用它们。

2. 社会技能目标

（1）体会小组的积极互赖（结果互赖）。

（2）学会交流和倾听。

（四）合作类型

正式的合作学习。

（五）合作时间

10～15 分钟。

（六）合作方法

成绩分阵法。

（七）合作步骤

第一步：对学生进行分组。最好四人一组，多余的学生，可以酌情插到某些小组中去。分组时，应做到各组间大体均衡，组内异质，每组的男女比例适当，学习成绩好中差均衡搭配（1∶2∶1），还要考虑学生的个性、能力、兴趣等。

第二步：确定每个学生的基线分数。可将学生之前的三次或若干次测验成绩的平均值作为基线分数。

第三步：印制好小组汇总清单（见表 3-15-1）和检测题。

表 3-15-1　小组汇总清单

小组名称____________________

小组成员	测验 1	测验 2	测验 3	总分
1				
2				
3				
4				
小组总分				
小组平均分				
小组奖励				

表 3-15-1 中的小组总分和平均分是根据提高分算出来的而不是基于测验的原始分。提高分的计算方法如表 3-15-2 所示。

表 3-15-2　测验分数与提高分的换算方法

测验分数	提高分
低于基线分 10 分以上	0
低于基线分 1-10 分	10
等于基线分或超出 10 分以内	20
超出基线分 10 分以上	30
答卷出色（不论基线分多少分）	30

检测题

组别＿＿＿＿＿＿　　姓名＿＿＿＿＿＿　　得分＿＿＿＿＿＿

1～4 小题每题 10 分，5～7 小题每题 20 分，总分 100 分。

1. 下列说法中正确的是（　　）。

A. 平均速度等于速度的平均值

B. 速度不变的运动就是匀速直线运动

C. 汽车速度计上的示数实际上是瞬时速率

D. 瞬时速度大，平均速度也一定大

2. 一学生在百米赛跑中，测得他在 50 m 处的瞬时速度为 6 m/s，16 s 末到达终点的瞬时速度为 7.5 m/s，则它在全程内的平均速度是（　　）。

A. 6 m/s　　B. 6.25 m/s

C. 6.75 m/s　　D. 7.0 m/s

3. 下列关于速度的说法中，正确的是（　　）。

A. 速度是描述物体位置变化快慢的物理量

B. 速度是描述物体运动路程和时间关系的物理量

C. 速率是速度的大小

D. 速度的正负表示物体位置变化的方向

4. 有关平均速度和瞬时速度的说法中，正确的是（　　）。

A. 对运动物体，某段时间的平均速度不可能为零

B. 平均速度是矢量，瞬时速度是标量

C. 若物体在某段时间内的位移为零，则其这段时间内的平均速度和瞬时速度都为零

D. 平均速率是平均速度的大小

E. 平均速度的方向不一定是物体运动的方向

5. 下列所说的速度中，哪些是平均速度，哪些是瞬时速度?

① 百米赛跑的运动员以 9.5 m/s 的速度冲过终点线。

② 经提速后列车的速度达到 150 km/h。

③ 由于堵车，车在隧道内的速度仅为 1.2 m/s。

④ 返回地面的太空舱以 8 m/s 的速度落入太平洋中。

⑤ 子弹以 800 m/s 的速度撞击在墙上。

表示平均速度的是______，表示瞬时速度的是______。

6. 一名同学在操场沿跑到跑了 4 圈，共 1 600 m，用时 15 min，分别求出他的平均速度和平均速率。

7. 一列火车沿平直轨道运行。开始时火车以 10 m/s 的速度匀速行驶了 15 min，随即改变为以 15 m/s 的速度匀速前进了 10 min，在最后的 5 min 内又前进 1 000 m 后停止。则该火车在前 25 min 及整个 30 min 内的平均速度各是多大?

第四步：全班教学。教师讲授新知识。(15 ~ 20 分钟)

(1) 导入：初中我们学过用来描述物体运动快慢的物理量，这个物理量是什么？如何定义的？（90%以上的学生都会记得是速度，速度等于路程除以时间。)

(2) 新课教学：

① 高中阶段又是如何定义速度的呢？要求学生阅读教材，找出速度的定义、定义式、单位、矢标性(方向)、物理意义等。

(教师特别强调这个速度叫平均速度，其定义为位移与时间的比值，与初中所学路程与时间的比值不同，初中所学的实际上是平均速率。这里平均速度的方向与位移方向相同，是学生第一次由定义式确定新物理量的方向，为以后新概念的学习打下基础，所以教师要特别强调方法。)

② 介绍瞬时速度和速率。

(瞬时速度的定义从极限这个角度理解是特别艰难的，所以适合教师直接讲解。但学生要知道某个时刻或某个位置的速度叫瞬时速度，以便与平均速度区分。可举一两个例子让学生判别。)

③ 平均速度、平均速率、瞬时速度和瞬时速率的区别和联系。

通过表 3-15-3，师生共同总结平均速度、平均速率、瞬时速度和瞬时速率的区别和联系。

表 3-15-3　速度区分表

	平均速度	瞬时速度	平均速率	瞬时速率
定义	物体运动的位移与发生这段位移所用时间的比值	运动质点在某一时刻（或某一位置）的速度	物体运动的路程与通过这段路程所用时间的比值	瞬时速度的大小
方向	与 Δx 方向一致，矢量	与某时刻（某位置）运动方向一致，矢量	无方向，标量	无方向，标量
意义	粗略描述物体运动的快慢	精确描述物体运动的快慢	粗略描述物体运动的快慢	精确描述物体运动的快慢
对应	某段时间（或位移）	某一时刻（或某一位置）	某段时间（或路程）	某一时刻（或某一位置）
联系	① 当位移足够小或时间足够短时平均速度就等于瞬时速度。 ② 在匀速直线运动中，瞬时速度和平均速度始终相等，平均速率和瞬时速率相等。 ③ 瞬时速率是瞬时速度的大小，但平均速率不是平均速度的大小			

第五步：小组学习。学生以事先编好的小组为单位进行活动。主要任务是组内所有成员掌握教师讲过的内容，并帮助同伴掌握。可以采用小组成员两两配对学习，互相检查，互相核对的方式。教师在教室巡回指导。（10 ~ 15 分钟）

第六步：独立测验。将事先印制的检测题发给学生，每个人都要单独完成，不允许成员间相互帮助。测验时间约 5 分钟，学生自己核对答案并计算成绩。

第七步：计算分数。根据表二，按照之前设定的基线分和学生测验分数对比，算出每个学生的提高分，从而算出小组的总分和平均分。

第八步：小组奖励。根据小组的平均分分别给予奖励。注意使所有小组都得到奖励，不强调组与组的竞争。

（八）合作中注意事项

（1）教师的讲授必须精讲，小组合作时间与教师讲授时间大致相同。

（2）本合作方式属于帮助-接受型合作学习策略，虽然对学生的合作技能要求不高，但小组学习的质量却关系到本节课的成败，所以教师一方面要强调小组成员间的积极互赖关系，另一方面要教会学生互助和互查，防止一人讲另一人被动地听。

（3）因为是计算提高分，所以成绩差的学生也可能对小组做出很大的贡献，会极大地激发他们学习的热情，教师要保护他们这份热情，基线分不必设得太高。

（4）对检测中出现的共性问题教师有必要集中评讲，而个别问题可以利用小组课后帮扶解决。

十六、循环写作圈①

循环写作圈是一种简便易行而又富于变化的合作学习方法，有“同时写”和“轮流写”两种不同的方式。这种方法可以在4人学习小组中使用，也可以两人配对使用。在循环写作圈中每个人都必须依次写些内容，体现了公平参与和人人尽责。

案例27　描述匀速圆周运动的物理量

（一）合作学习任务

利用思维导图法以及合作学习，总结描述匀速圆周运动的物理量及各物理量间的关系。

（二）合作原因

经过前面的学习，学生已经学了描述匀速圆周运动的线速度、角速度、周期、转速及向心力、向心加速度等物理量，一下子学这么多物理量很容易混乱，急待通过总结，理清它们关系，使知识更方便记忆和实践运用。采用循环写作圈中“轮流写”的方式，每个小组通过轮流在同一张纸上总结描述匀速圆周运动的物理量及各物理量间关系的思维导图。运用图文并重的技巧，把描述匀速圆周运动的物理量及各物理量间的关系表示出来，把公式、主题关键词与图像、颜色等建立记忆链接，利用记忆、阅读、思维的规律，协助学生在科学与艺术、逻辑与想象之间平衡发展，从而开启大脑的无限潜能，培养了学生的总结、归纳能力。而“轮流写”迫使每个人都必须至少写一分支内容，体现了公平参与、人人尽责，防止了某些学生独揽的现象，有助于培养学生的自控能力。

---

① 马兰，盛群力. 多彩合作课堂[M]. 福州：福建教育出版社，2013：70-72.

（三）合作目标

1．学业目标

通过思维导图法总结描述匀速圆周运动的物理量及各物理量间的关系。

2．社会技能目标

（1）有轮流表现、公平参与、耐心向别人学习、通过努力达到共同目标的意识。

（2）提高“自我监控”能力，会采用不同的办法控制自己的情绪和行为。

（3）个体总结、相互归纳有效的资源和信息，对小组成员得出的结论提出预测和质疑，以更好的完成任务。

（四）合作方法

循环写作圈（轮流写）。

（五）合作类型

非正式的合作学习。

（六）合作时间

5 分钟。

（七）合作步骤

第一步：确立议题。异质的 4 人为一小组，小组长在一张白纸上中央写上“匀速圆周运动”，也可画出图 3-16-1 的框架，并在中间部分写上“匀速圆周运动”，以此作为小组讨论的中心议题。

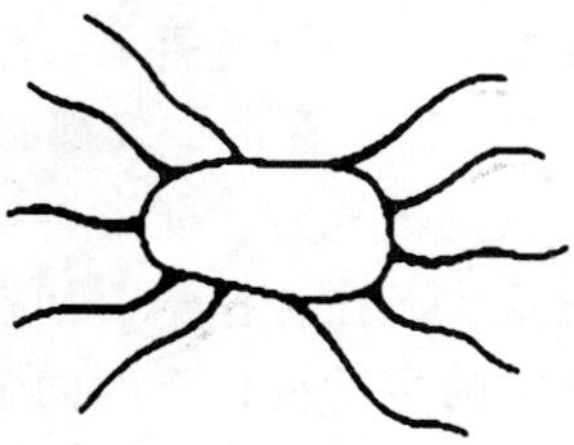

图 3-16-1

第二步：小组内 4 人轮流用不同颜色的笔在不同的分支上写上描述匀速圆周运动的物理量（线速度、角速度、周期、转速及向心力、向心加速度等）和各物理量间的关系的词语，并增添与该分支主题相关的、反映自己见解的语词、图画等，在写、画时注意，每人可使用不同的色彩和字体使本组的思维导图更易理解、记忆。注意：在写本人负责的分支内容前，先检查前面同学所写的是否正确，若检查中发现错误，立即返回与前一位进行交流，纠正后，完成自己负责的分支内容，依次把纸传给下一位同学。循环，直至无东西可写为止。

第三步：小组内讨论，纠正、补充，形成小组总结的思维导图。

第四步：教师请一些同学利用展台向全班展示、汇报自己所在小组的成果。

（八）教学中的注意事项

（1）教师应预测每个小组成员在写的过程将会耗费多长时间，注意控制时间。

（2）可以在 4 人小组中进行，也可在 4 人小组中两两配对进行。4 人小组轮流写时，为避免空闲在那的学生无所事事，教师应提醒学生在别的同学写的时候,自己应在脑海中构思或在练习本上画自己负责的那一分支的内容。

（3）应注意提醒学生一人一次仅写一分支内容，每个人要对自己所写的一部分负起责任，每人用一支不同的彩笔或蜡笔。

案例 28　应用牛顿第二定律求解动力学问题

（一）合作任务

应用牛顿第二定律求解动力学问题。

（二）合作原因

高质量的合作学习要发展学生的情感智能。学生的自我监控能力是其中一种重要的情感智能。自我监控意味着每个人都必须有轮流发言、公平参与、耐心倾听的意识，当与他人意见不合时，能妥善控制自身情绪，不与他人发生冲突，坦然接受别人的意见。而在合作学习初期，容易出现两极分化，有的同学滔滔不绝，占据了绝对的主动权，有的同学沉默寡言，一节课不吭一声，根本不能做到公平参与。甚至有时会出现谁也说服不了谁，各干各的，互不理睬，导致小组冲突。循环写作圈（同时写）这种合作方法，由于每个人都要同时写，保证了参与机会均等，而一旦其位同学某一步骤出现卡壳，必须小组四人达成一致方能继续下去，对每位成员的耐心、情绪都是一种考验，能很好地培养学生的自我监控能力。一些多步骤的解题非常适合应用循环写作圈（同时写）的方法。而应用牛顿第二定律求解动力学问题就是这一类，因为它有很清晰的解题思路：（1）已知受力情况求运动情况。受力分析—求合外力—用牛顿第二定律求加速度—求运动学量。（2）已知运动情况求受力情况。用运动学公式求加速度—用牛顿第二定律求合力—受力分析—求待求力。

（三）合作目标

1. 学业目标

掌握应用牛顿第二定律求解动力学问题的基本步骤，并能应用其解题。

2. 社会技能目标

（1）学会平等交流。

（2）学会耐心倾听，对别人的看法表示赞同或提出质疑，质疑时只针对问题本身，不针对人。

（3）能很好地控制自己的情绪，对不同意见能坦然接受。

（四）合作类型

正式的合作学习。

（五）合作时间

5 ~ 10 分钟。

（六）合作方法

循环写作圈（同时写）。

（七）合作步骤

第一步：教学准备。按常规的 4 人小组分组。每个人准备一张答题纸，写上自己的姓名。

第二步：教师出示一道动力学典型例题。每个人先单独思考 2 分钟。

例题： 如图 3-16-2 所示，一个静止在水平面上的质量 $m=1\ \text{kg}$ 的物体，在 $F=10\ \text{N}$ 的水平拉力的作用下开始向右运动，已知物体与水平面间的动摩擦因数 $\mu=0.5$。求：物体在 4 s 末的速度大小和这 4 s 内发生的位移大小（$g=10\ \text{m/s}^2$）。

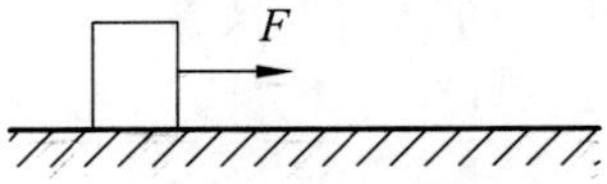

图 3-16-2

（1）物体的受力情况如何？（画出受力分析图），物体受到合外力的方向是向哪个方向？

（2）物体所受合力是多少？

（3）求出物体运动的加速度。

（4）根据运动学公式，求物体在 4 s 末的速度和 4 s 内的位移。

第三步：每个人只解出题目的第（1）个问题。

第四步：每个人都把答题纸传给自己左边的同伴，由他接着完成第（2）个问题。

第五步：不断重复，直到四个问题全部完成，求解出最终答案。如果某人在某一步的解题方法不正确，那么，全体小组成员可以先中断解题过程进行小组讨论，达成一致意见后再继续解题。解题结束后共同归纳这类题目的解题步骤。

（八）合作中注意事项

（1）通过这种方法，每人都按顺序解了一遍题目，对形成正确的解题思路很有帮助。而且每个人的答题纸上都留下了小组其他成员的解题过程，可以借鉴别人的做法和书写，特别是在有多种解法的情况下，更能促进学生的解题思维。

（2）每个人书写之前，要先检查上一位同伴的解题过程是否有误，全部人都完成后要核对最终的结果是否一致，在出现不一致的地方小组讨论解决。

（3）为方便检查是否每一位同学都按要求完成了自己的任务，可令每位同学采用不同颜色的笔进行书写，或者在自己书写的那一步签上名字，这样在小组核查和教师检查时都能很快找到是哪位同学哪步思路出现问题，有针对性地解决。

（4）小组内每位同学基础不同，解题所需时间不一致。快的同学要等一等慢的同学，可共同协商限定一个时间，在限定时间内解不出，则要启动小组讨论或就近帮扶，保证课堂的效率。

十七、小组陈述法[①]

小组陈述法通过两次讨论综合各种观点，使小组达成意见一致，体现每一个小组成员的贡献，适用于较为简单的讨论题。

基本步骤：独立思考→配对分享和交换看法，综合两人意见→组内两对搭档交流，综合形成小组意见。

案例29　匀变速直线运动的特点和分类

（一）合作学习任务

研究匀变速直线运动的特点和分类。

（二）合作原因

传统教学中，教师进行提问时，常会请学生举手示意以表明自己知道答案，个别学生大包大揽，活泼胆大、善于表达，成绩优异的学生经常出尽风头；有些学生则坐享其成、搭顺风车；而有些对自己不够自信、害羞的学生则选择放弃，只充当看客的角色，这些学生失去了表达自己的机会，没有公平地参与到教学中。小组陈述法要求小组陈述必须综合所有个人的意见，体现每一个小组成员的贡献。因此每一个人都先要独立思考，并在此基础上形成自己个人的观点，做到责任到人，没有机会逃避和搭顺风车。

（三）合作目标

1. 学业目标

形成匀变速直线运动的物理观念，知道匀变速直线运动的特点和分类。

2. 社会技能目标

（1）综合各种观点，使大家达成意见一致的能力。

（2）学会表达自己的观点，学会倾听，能对别人的看法表示赞同或提出质疑。

---

① 马兰，盛群力. 多彩合作课堂[M]. 福州：福建教育出版社，2013：63-55.

（四）合作方法

小组陈述法。

（五）合作类型

非正式的大合作（不评价）。

（六）合作时间

3 分钟。

（七）合作步骤

第一步：教师提供论题：匀变速直线运动有什么特点？可以怎么分类？请举出生活中的实例。

第二步：请学生在 1 分钟内独立思考，并写下自己的看法。

第三步：小组内配对，共同讨论、分享和交换对这个主题看法，吸收并且加以记录，综合两人的观点。

第四步：小组中的两对搭档共同比较各自的陈述观点，经过综合以后产生小组陈述。

第五步：教师随机请某个小组的某个人向全班分享。

表 3-17-1　小组陈述记录表

个人陈述意见	
配对陈述意见	
小组陈述意见	

（八）教学中应注意的事项

（1）讨论和综合意见时可以使用发言卡，以确保小组成员公平参与。

（2）小组陈述的主题应该跟讨论的目的相一致，并能容纳各种不同的观点。

（3）教师准备一些大的纸张供小组写下意见，这些意见可以向全班直接展示。

十八、“头脑风暴—对唱”游戏结构法

“头脑风暴—对唱”游戏结构法鼓励学生从不同的视角去认识世界，这样以后思考问题不会局限于某一点，而是从不多个角度去思考问题。一次又一次的思想火花碰撞，让人切身感受到头脑风暴的强大力量。而通过正方和反向的对唱，从不同的角度、全方位的思考，主动积极融入课堂讨论中。

基本步骤：老师提出一个主题→学生小组讨论→A 组代表正方发言，B 组代表反向发言→B 组代表正方发言→A 组代表正方发言→评价。

案例 30　摩擦力的重要性

（一）合作学习任务

认识摩擦力的重要性。

（二）合作原因

人脑是一种社会化的器官，人独处时的思维远没有人处于团体来得活跃，本案例采用的“头脑风暴—对唱”游戏结构法可以满足人脑渴望与人交流的需要，这与传统课堂鼓励学生单干、竞争不同；也使得学生从不同的视角去认识摩擦力，认识世界，这样学生以后思考问题就不会局限于某一点，而是会从不同的角度去思考问题。此法打破了传统课堂教师唱独角戏的僵局，活跃了课堂气氛，激发学生学习摩擦力的兴趣。

（三）合作目标

1. 学业目标

认识摩擦力对我们生产生活的重要性。

2. 社会技能目标

学会与人合作、倾听；学会从不同的角度思考问题。

（四）合作方法

“头脑风暴—对唱”游戏结构法。

（五）合作类型

非正式的大合作（不评价）。

（六）合作时间

4 分钟。

（七）合作步骤

第一步：分组，把全班同学分为两大组，一大组为 A 组，另一大组为 B 组，并给各个基组编号 1、2、3、4、5……

第二步：课前，教师向全班同学布置本次对唱主题："假如没有摩擦力，世界将……""有摩擦力，世界是……"各组准备好精彩的发言。

第三步：A 大组内 1 号组说出"假如没有摩擦力，世界将……"然后 B 大组内 1 号组说出"有摩擦力，世界是……"然后以此类推，直到各组依次说完为止。

第四步：角色互换，B 大组内 1 号组说出"假如没有摩擦力，世界将……"然后 A 大组内 1 号组说出"有摩擦力，世界是……"然后以此类推，直到各组依次说完为止。

第五步：评价与评估。

（八）教学中要注意的事项

注意课前让科代表把学生分成人数相等的两组，并把要对唱的题目公布，让学生可以提前准备，准备的过程也是学习过程。

十九、组际评价法

组际评价法具有小组竞赛的性质，主要注重小组间的交流与评价。由于每个人都有可能代表小组接受提问，组内的交流与互助至关重要，能促进小组的积极互赖。学生直接参与评价是它的突出特点。此法适用于：（1）全班交流和组际竞争；（2）知识记忆、理解和应用；（3）知识的总结和复习。

基本步骤：独立研究→小组交流→组间轮流提问与评价→小组奖励。

案例31　认识半衰期

（一）合作学习任务

认识和理解半衰期。

（二）合作原因

半衰期这部分内容需要识记的较多，单靠学生自学或者教师讲授比较枯燥。如果采用合作学习方法，通过自学和组内交流，学生能够较好地掌握基本知识，感受课堂的乐趣。另一方面，组际评价法可以增强合作学习小组的凝聚力，使小组成员具有“一荣俱荣，一损俱损”的意识，达到目标的积极相互依赖。

（三）合作目标

1. 学业目标

（1）知道半衰期的概念和计算公式，会计算放射性元素的半衰期。

（2）知道决定半衰期大小的因素，了解半衰期的统计意义。

2. 社会技能目标

（1）体会团队的荣辱与共，增强团队凝聚力。

（2）学会恰当地评价他人，学会鼓励他人。

（四）合作类型

非正式的合作学习。

（五）合作时间

5分钟。

（六）合作方法

组际评价法。

（七）合作步骤

第一步：独立研究。每个同学结合课本独立思考以下问题：

① 什么叫半衰期？

② 衰变规律如何表达（公式中的物理量有何含义）？

③ 已知钍 234 的半衰期是 24 天，1 g 钍经过 120 天后还剩多少？

④ 放射性元素的平均寿命与半衰期有什么关系？

⑤ 放射性元素的半衰期由什么因素决定？

⑥ 对一个原子核能分析其半衰期吗？

第二步：小组内交流分享。

第三步：由一名同学向其他组的任一成员提问问题①。被点到的学生代表本组回答问题①。

第四步：提问的学生对该同学的回答给出反馈和评价。

第五步：提问组和回答组角色互换，由回答组向提问组的任一成员提出问题②。

第六步：重复以上步骤，直到回答完所有问题。

（八）教学中注意事项

（1）教师可对每个问题设置 5 分评价分，让负责评价的学生可以根据回答质量给予 0 ~ 5 分不等的分数，最后统计小组的总分，对于分数高的小组给予奖励。

（2）为了保证学生在小组内真正合作，荣辱与共，要求某位成员在回答问题时，组内其他成员不可提醒和帮助，待对方小组做出评价之后，才可以进行补充，但补充部分不做评价。

（3）问题③和⑥需要在全班抽查和讲解，其他问题书中能直接找到答案，不必全班分享展示。

二十、双框归纳法①

双框归纳法通过教师举例和学生寻找规律，培养学生处理信息的能力，即对有用的信息进行归纳、分析，应用已有信息，提出解决问题的办法。

基本步骤：找出规律→检验规律→全班检测。

案例 32　力的作用是相互的

（一）合作学习任务

明确力的作用是相互的。

---

① 马兰，盛群力. 多彩合作课堂[M]. 福州：福建教育出版社，2013：5.

（二）合作原因

学生在初中时已经形成“力是物体间的相互作用”的概念，对作用力与反作用力有深刻的认知，但他们对作用力与反作用力的理解较片面，认为只有在固体与固体间存在相互作用。通过合作学习与实验展示，让学生将自己的想法与同伴分享，及时发现并更正自己错误的观点。

（三）合作目标

1. 学业目标

知道力的作用是相互的，通过对作用力和反作用力的学习探究，理解作用力和反作用力的概念，培养独立思考能力。

2. 社会技能目标

学会倾听、学会交流、分享所需的资源和信息，以便更有效地处理这些信息

（四）合作方法

双框归纳法。

（五）合作类型

非正式的大合作（不评价）。

（六）合作时间

5 分钟。

（七）合作步骤

第一步：找出规律。教师在黑板上先画表格，然后如表 3-20-1 所示分别在表格中进行填写相关内容，要求学生猜测其中的分类规则，给学生 10 秒钟独立思考的时间。接下来进行两两交流和讨论，找出两列表格中的共同特点，写出分类假设。

表 3-20-1

编号	生活现象	两物体相互作用时力的作用对象及力的作用效果/性质
1	玩具车在桌面上行驶	固体，摩擦力
2	把充满气的气球中的气体放出，气球向前冲出	气体，冲力

第二步：教师接着在表格内增加例子，为确保学生最终能自己发现分类规则，所举的例子要有代表性。填好的表格如表 3-20-2 所示。

表 3-20-2

编号	生活现象	两物体相互作用时力的作用对象及力的作用效果/性质
1	玩具车在桌面上行驶	固体，摩擦力
2	把充满气的气球中气体放出，气球向前冲出	气体，冲力
3	放在玩具车上的蹄形磁铁与导线间的作用	固体，电磁力
4	水中乌贼的运动	液体，冲力
……	……	……
规律		

第三步：检验规则。找到规律后，让学生以小组为单位在两个表格中分别再添加一个新的例子，以此检验所发现的规律是否正确。

第四步：当全班同学达成一致意见后，教师可以再列出一些例子，采用编号共学法检验学生是否已经掌握。

（八）教学中要注意事项

学生在举例时易重复出现类似的例子，建议教师能配合演示实验和图片，引导学生从固态、液态、气态等物体间的相互作用分析，明确力的作用是相互的这一特点的适用性。

二十一、滚雪球法①

滚雪球法是卡甘小组合作学习的重要策略，主要通过不停地增加交流的次数和人数，收集越来越多的学习结果和反馈，打开学生学习思路，最终完

① 斯宾塞·卡甘，米格尔·卡甘，劳里·卡甘·59种卡甘合作学习结构[M]. 马斯婕，盛群力，编译. 广州：广东教育出版社，2019：32-34.

成学习目标。本方法适用于仅有一个任务但任务难度稍大的学习情境。

主要步骤是：教师设置任务，先是每一个组员单独完成个人清单→然后2人配对互学互教，理清条理，并在此基础上进行整合，形成新的清单→接着就近4人成立小组进行交流，重新列出一份兼有4人全部观点的清单→最后全班反馈与分享。

案例33 动量守恒定律

（一）合作任务

动量守恒定律“滑块木板模型”。

（二）合作原因

冲量、动量、动量定理、动量守恒定律等这块知识点是运动学和相互作用学的综合模块，对于学生和教师来说是一个大挑战。动量守恒定律的应用可以分为几个常规的理想模型，如碰撞类、弹簧类、子弹打木块类、滑块类、人船模型类。不同的模型又可以采用不同教学方式，所以教师应该采用多种多样的教学方式：例如常规讲授式、自主合作式、过程体验式、翻转课堂式等，所以教师应尽可能多地为学生提供不同的学习经验。根据人脑具有很强的可塑性和无限的发展潜能。当职业的不同时，大脑某些部分的发展也会有所不同，如出租车司机大脑中的“海马回”（hippocampus，一个与空间记忆有关的脑组织）会比常人发达，学生未来的职业是教师无法预见的，因此，我们不可能针对某部分脑组织进行强化训练而舍弃其他，所能做的就是尽可使大脑获得全面均衡地发展。

卡甘结构学习法主张“内容 + 结构 = 活动”，学习要在不同的活动中去挑战去学会。卡甘结构学习法活动结构策略多，活动的过程涉及归纳、演绎、综合、分析、逻辑推理等科学思维训练，还包含画图、表达、人际关系等多元智能的开发，能最大程度上丰富学生的学习体验，所以动量守恒定律“滑块木板模型”这个模型笔者设计一个卡干式结构法进行合作学习。

（三）合作目标

1. 学业目标

灵活应用动量守恒定律解决滑块与木板的模型，综合运用动量守恒定律、能量守恒定律、动能定理以及动量定理，初步形成力学综合问题的解题思路。

2. 社会技能目标

（1）学会与同伴合作交流，学会据理说服他人。

（2）学会辩论，学会据理反驳他人。

（3）学会整合交流结果。

（四）合作方法

滚雪球法。

（五）合作类型

正式的合作学习（评价）。

（六）合作时间

8 ~ 12 分钟。

（七）合作步骤

第一步：组建基组，按异质 4 人一组，组内编号 1、2、3、4。在全班教学新知识点后，学生独立完成以下的习题内容：

如图 3-21-1 所示，在光滑水平面上静止放一长为 L、质量为 $m_1 = 1$ kg 的木板 B，一质量为 $m_2 = 1$ kg 的物块 A 以速度 $v_0 = 2.0$ m/s 滑上长木板 B 的左端，物块与木板的摩擦因素 $\mu = 0.1$，且 A 与 B 最终相对静止，（$g = 10$ m/s^2）求：

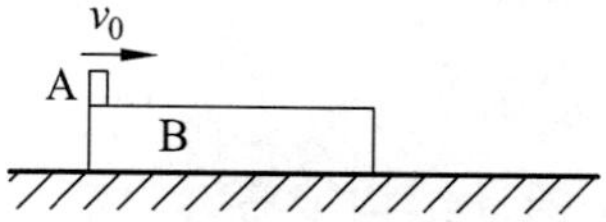

图 3-21-1

（1）A、B 两物体末速度。

（2）该运动过程产生的内能。

（3）物体 A 和木板 B 分别发生的位移。木块 A 在木板 B 上滑行的位移。木板的长度至少多长？

（4）A 相对 B 滑动的时间。

第二步：小组内同桌两两配对交流，要说明做题过程和依据，并在此基础上进行整合，形成两人的共同解题方法。

第三步：小组四人一起交流整合，重新确定一种兼有 4 人全部观点的解题的方法。

第四步：教师随机抽查小组中某人进行汇报，全班分享、反馈、整合，做题的思路和方法就像雪球一样越滚越大。

第五步：合作教学结束前教师要准确给出小组合作学习评价分，评价表格如表 3-21-1 所示：

表 3-21-1　合作学习评价表

组名	积极互赖分	平等参与分	责任到人分	小组合作技能分	小组学习成效分	小组合作学习总分
××组						
……						
……						

（八）教学中要注意事项

（1）必须给予学生独立思考的具体时间，因为思考比回答更需要时间。当个人独立做题时间结束时要及时提醒学生转入与同桌配对交流。

（2）小组四人一起交流时，教师要根据评价标准给小组打分，并解释打分的依据，从而引导学生积极与同伴合作，提高学生的社会技能。

（3）全班汇报时，个人代表小组上讲台汇报，要表达“经过我们小组的讨论分析，我们认为……”汇报同学遇到困难时，同小组成员要踊跃站起来帮助，老师要给予赞扬和鼓励，如“某某小组同舟共济、互相帮助，有团队精神，值得其他小组学习”。

二十二、亮出答案法①

亮出答案法是一种以小组为单位的自主学习方式，适合习题复习课或新课讲授后的习题训练课，该方法主要是在组长的主持下，同学们围绕着问题积极讨论交流，排除错误，提取正确观点，依靠团队的力量使所有人都完成学习目标。

---

① 斯宾塞·卡甘，米格尔·卡甘，劳里·卡甘．59 种卡甘合作学习结构[M]．马斯婕，盛群力，编译．广州：广东教育出版社，2019：32-34.

主要步骤是：抽取一张写有题目的卡片，每人看完后独立完成→4 人做完后，同时展示核对交流→继续以上过程，直至做完所有卡片上的题目→所有题目做完，小组庆祝，全班汇报学习，并进行课堂习题挑战。

案例 34　动量的计算

（一）合作学习任务

动量的计算。

（二）合作原因

动量的计算是一个比较容易掌握的知识点，学生在前面已经学习过不少物理矢量，如速度 v、加速度 a、电场强度 E、磁感应强度 B，也掌握了矢量的计算方法——平行四边形定则以及矢量的分解与合成等。

动量的计算在传统教学中的一般思路是：新课讲授完毕，教师先讲解一个计算动量的例题，然后再给出一两道习题让学生独立训练，最后教师再给出习题答案。在这样的课堂上，基础较好的同学能轻松完成任务，成为学习舞台的佼佼者；基础较差的学生学得很辛苦甚至厌学。但实际上，已经掌握和尚未掌握只是时间上的区别，尚未掌握也必定在努力下变成已经掌握的，因为不同人对知识领悟能力是有所区别的。在传统的学习环境中，同学间互不帮助或都在暗暗较劲，都想努力吸引教师的注意，此时互助合作是稀罕物，帮助他人是对他人的施舍和同情，能否合作靠的是觉悟高低，学生的人际关系很紧张，个体的学习成就完全靠自己打拼，靠个人对知识的领悟能力和个人的智力程度，但事实上人的大脑只有两个拳头那么大，人领悟能力和智力程度并不是一成不变的，任何增加供氧量及脑部供血的活动都会对人体领悟能力和智力产生影响，学生久坐不动思维活动就会变慢，采用互动性极强的卡甘结构法设计本节课，小组讨论交流让学生的四肢动起来，心跳和呼吸加速，使大脑处于兴奋又活跃的状态，增强大脑的工作机能，从而提高学习效率。同时小组讨论交流作为一个团队活动，拉近人与人之间的距离，缓和人际关系，融洽的人际关系产生安全舒适的学习氛围。研究发现，当人脑处于安全的环境时能最好地进行高级思维，消除厌学情绪，提高学习效率。

（三）合作目标

1. 学业目标

学会计算物体的动量及动量变化量，通过计算加深对矢量计算的理解。

2. 社会技能目标

（1）学会听从组长的安排，学会团队互助。
（2）学会有条理地质疑和设问。
（3）学会帮助他人或学会接受他人的帮助。
（4）学会表达谢意。

（四）合作方法

亮出答案法。

（五）合作类型

正式大合作。

（六）合作时间

8～10分钟。

（七）合作步骤

第一步：随机抽取一张写有题目的卡片，各组员看完后独立完成。

卡片1：一个质量是0.1 kg的钢球，以6 m/s的速度水平向右运动，碰到一块坚硬的大理石后被弹回，沿着同一直线以6 m/s的速度水平向左运动，求：碰撞前钢球的动量p_1、碰撞后钢球的动量p_2以及动量变化量Δp?

卡片2：质量为10 kg的物体，速度大小是3 m/s，碰撞后速度大小变为4 m/s，方向与碰前相同，求：碰撞前钢球的动量p_1、碰撞后钢球的动量p_2以及动量变化量Δp?

第二步：4人做完后，组长发出信号，4人同时展示核对。展示核对中如若发现解答有不一致时，全组就停下来进行解疑交流。

第三步：继续以上过程，直至所有题目做完。

第四步：全班随机抽查某小组汇报，其他小组可以质疑，汇报小组拥有优先答疑权，教师从旁解疑把关，直至全班都掌握动量的计算。

第五步：全班进行课堂挑战题，每个人独立完成后上交教师批改。教师批改后再给小组合作学习效果打分。小组各成员挑战题分数之和即为小组合作学习效果总分。

挑战题：（所有人须独立完成）如图 3-22-1 所示，钢球质量为 1 kg，按如图方向与地面碰撞前后速度的大小都为 1 m/s，求：碰撞过程动量的变化量Δp。

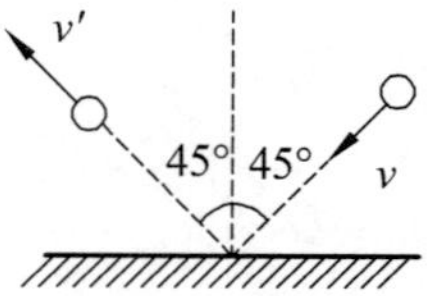

图 3-22-1

（八）教学中要注意事项

（1）在合作前必须要组建好基组：按异质分组方式，每组选定组长，每组要有组名、口号、小组目标等。合作任务中出现的卡片由教师准备好，并在该节课堂前发给各小组长。

（2）本合作学习只是对学生学习新知识后的一种演算，所以在本合作内容前，教师要先进行全班教学，学生要初步知道动量的定义、物理意义、公式和单位。

（3）“展示核对中如若发现解答有不一致时，全组就停下来进行解疑交流”，该交流过程其实并不能保证小组的解题思路一定正确。如若正确，就说明学生在新课学习环节掌握到位，小组积极互赖到位；如若不正确，那也意味着该合作学习有收获——就是把小组的错误思维和问题完全暴露出来，暴露不足再加以改正。

（4）“全班随机抽查汇报”目的是锻炼学生的表达能力、小组团队的凝聚力和全班同学的参与度，所以汇报同学不一定非要是会做题目的小组成员，即使不会做，只要能站在讲台上与大家交流分享自己想法，其他同学也分享交流即可。当然该环节教师要随时掌握情况，及时点评，把同学们引导到正确的思维上。

二十三、记忆通行证法①

记忆通行证法需要学生能够准确复述前一位同学的发言，从而获得自己发言的通行证。这种方法让学生学会认真倾听，关注他人的发言，从而学会一项重要的社交技能——理解他人。此方法适用于记忆内容较多的任务。

基本步骤：确立主题→学生分享→复述与确认→发放通行证。

案例35　三种射线的特征

（一）合作学习任务

了解α、β、γ三种射线的本质特征，并合作讨论出适合自己的记忆方法。

（二）合作原因

对于α、β、γ三种射线，学生了解不多。教学中，教师通过实验观察让学生认识到三种射线。对于三种射线的质量、电量、速度、电离作用等方面的信息需要识记，通过记忆通行证法进行合作学习，让学生在小组中表述这些知识，并发挥想象力，找到合适自己的记忆方法。另外，成立专门的评价小组，评价小组成员分配到各学习小组，根据评价标准对每个小组进行打分，而教师通过观察与提问，对评价组的表现进行打分，这样的合作学习过程使得评价实施过程更加到位。

（三）合作目标

1. 学业目标

知道三种射线的本质，并能进行简单的应用。

2. 社会技能目标

（1）学会倾听与记录。培养对问题的总结能力。

（2）通过头脑风暴发挥想象力提高自身的记忆水平。

（四）合作方法

记忆通行证法。

① 马兰，盛群力. 多彩合作课堂[M]. 福州：福建教育出版社，2013：58.

（五）合作类型

正式的大合作（需评价组配合）。

（六）合作时间

5分钟。

（七）合作步骤

第一步：合作前准备说明：在合作活动开始时，全班分成两个合作小组类型，一类型为学习小组，一类型为评价组。评价组中的每个人会分配到各个学习小组中进行观察、学习，并对该组的合作行为进行评价。如某班有12个组，10个小组可作为学习小组，另两组刚好有10人，每人负责一个小组的评价即可。

第二步：全班每个基组同学1号、2号、3号通过查阅课本独立完成表3-23-1的填写。

表3-23-1 三种射线比较表

负责同学	1号	2号	3号
种类	α射线	β射线	γ射线
组成			
带电荷量			
质量（用与质子质量 m_p 关系来表示）			
速度（用与光速 c 关系来表示）			
贯穿本领			
在空气中的电离作用			
在空气中的径迹			

第三步：评价组成员到各自负责的学习小组旁边。各学习小组中4号（专家）请组内成员轮流汇报，汇报时其他同学认真倾听，并进行相关表格的补充，可提出汇报中存在的问题进行讨论。汇报流程：1号同学汇报自己负责

的内容；2号同学把1号同学汇报的内容重新表述一遍（若能背下更好），并向1号同学确认。如果1号同学认为2号同学准确的记下了自己的想法，就可以给2号同学发放通行证。若不够准确，1号同学要改述，"可能我没讲清楚，我再说一下"，听完1号的改述后，2号同学还有一次获得通行证的机会，直到获得通行证，然后再汇报负责自己的部分；3号同学把1、2号同学汇报内容重新表述一下（若能背下更好），获得通行证后，再汇报负责自己的部分。（这种方法的目的是通过循环记忆，使学生记得更牢固）

第四步：4号同学对表格中内容进行对比，提出记忆方法与组内成员进行讨论。

第五步：整个活动中评价组的同学伴随学习，并在本组讨论结束后30 s内到讲台记录所对应的学习小组得分。

评价得分标准（总分5分）

（1）小组成员能做记录相关内容并完成表格填写（1分）。

（2）对存在的疑问能做到不打断别人表述，耐心并认真倾听别人表述完后再提出自己见解（0.5分）。

（3）经统一意见后，2号能背诵出1号填写内容得0.5分，3号能背诵出1、2号填写内容再得1分（若有背错的可酌情扣分）。

（4）小组内有声音提示员、时间提示员、鼓励员，并在讨论过程中各成员能发挥各自的职责（1分）。

（5）小组成员齐心协力，发挥小组的创造力与想象力，找到合适的记忆方法（1分）。

第六步：教师抽查一评价小组成员进行评价工作汇报及自己的学习汇报，教师可根据学生的汇报与自己的观察给评价组判分。

第七步：教师选一得分较高的合作小组代表进行投影展示并汇报本组讨论出来的记忆方法进行学习交流。

（八）教学中要注意事项

（1）为使评价小组熟练进行评价工作，可要求评价组课前提前完成相关的学习内容。学习小组合作学习时，评价组要学会倾听与观察。

（2）教师尽量完成相关的实验演示，让学生通过形象直观的感受顺利过渡到抽象的对比记忆中，多鼓励学生展开想象力进行记忆。

二十四、聚焦法

聚焦法通过从个人到配对到小组的层层交流，将问题的解决方案不断聚焦，最终集合了小组成员的所有看法，达成一致意见。此方法适用于解决学生有较多疑惑的内容，经过多次交流，可拨云见日。

基本步骤：独立研究→配对讨论并综合意见→小组交流达成一致→全班分享。

案例36　摩擦力的理解

（一）合作学习任务

对摩擦力常见的易错说法进行辨析：

（1）滑动摩擦力的大小与重力成正比吗？

（2）运动的物体一定有滑动摩擦力吗？静止的物体一定没有滑动摩擦力吗？

（3）滑动摩擦力的方向跟运动方向有关系吗？

（4）滑动摩擦力可以是阻力，也可以是动力吗？

（二）合作原因

摩擦力是高中物理的难点之一。关于摩擦力的大小和方向，学生在学习前头脑中已经形成许多错误的前概念，根深蒂固，很难自我纠正。所谓理不辩不明，通过合作交流、争辩，学生逐渐理解摩擦力中的“相对运动”或“相对运动趋势”，从而加深对摩擦力的理解，为后面的学习奠定基础。

（三）合作目标

1. 学业目标

（1）会区分相对运动和运动，加深对摩擦力方向的理解。

（2）会区分重力和正压力，知道如何计算滑动摩擦力。

2. 社会技能目标

（1）学会倾听、学会提问、学会求助他人。

（2）通过合作交流学会相互帮助、相互尊重、相互信任、相互鼓励和学习。

（四）合作类型

非正式的合作学习。

（五）合作时间

10 分钟。

（六）合作方法

聚焦法。

（七）合作步骤

第一步：小组成员每人列出自己对学习任务中问题理解的清单。
第二步：小组成员两两配对交流，重新列一份清单，综合两人的意见。
第三步：小组 4 人交流分享，形成小组意见。
第四步：全班分享。

（八）教学中注意事项

（1）教学中让学生通过举例来证明自己的观点，培养学生的证据意识。
（2）为了体现小组成员间的积极依赖，全班分享时，教师可抽查一人汇报小组最终意见。

二十五、“小组出题—邻组做题—评题—分享”法

本方法使用于某知识点、某章节或整本书的复习巩固。

基本步骤：教师发放任务清单，提出出题要求→小组出题→思维导图总结知识→邻组互做题→邻组互评分、讲解→议题→总结、评价。

案例 37　匀变速直线运动规律的应用

（一）合作学习任务

匀变速直线运动规律的应用。

（二）合作原因

通过出题能很好地培养学生自主学习能力，既可以复习巩固基础知识，

熟练掌握匀变速直线运动规律公式，促使学生网络化思考匀变速直线运动规律；又可以让学生理解出题者的意图以及考查的知识点，知道如何设置已知物理量和待求解物理量，思路更加清楚。通过邻组合作交流能高效地掌握匀变速直线运动的规律及其应用；一题多解、不同题型和不同的错误思维能有效激发个体的学习积极性，学会合作和相互帮助，提高发现问题、设置问题和解决问题的能力。

（三）合作目标

1. 学业目标

（1）小组结合匀变速直线运动的规律公式自创或改编一道计算题：从匀变速直线运动涉及的 5 个物理量 v_0、v_t、a、t、s 中选取 3 个作为已知物理量，求解另外 2 个物理量。能熟练运用匀变速直线运动的规律解决问题。

（2）通过全班邻组互相做题、学题、讲题、教题和评题，熟练掌握匀变速直线运动的规律及其应用。

2. 社会技能目标

（1）增强个人责任意识和自主学习能力。出题时要想着对方，不能难倒对方，不能让对方失去做题激情，学题时要想着给团队其他学生讲题教题，增强责任感。

（2）通过合作交流养成相互帮助、取长补短、相互尊重、相互信任、相互鼓励、相互学习的习惯。

（3）学会倾听、学会提问、学会欣赏、学会解决问题等。

（四）合作类型

正式的大合作。

（五）合作时间

40 分钟。

（六）合作方法

“小组出题—邻组做题—评题—分享”法。

（七）合作步骤

第一步：出题（上课前两天）。

（1）匀变速直线运动的基本规律，涉及的物理量有 v_0、v_t、a、t、s，请每个小组结合匀变速直线运动的规律公式自创或改编一道计算题，从上述的5个物理量中选取3个作为已知物理量，求解另外2个物理量。要求情景自设、逻辑性强，无科学性错误、数据合理，难度适中，目的是能熟练运用匀变速直线运动的规律解决问题；认真用黑色字迹的签字笔书写题目，字迹清晰、工整；有需要画图的，要画出相应的图；在另一张白纸附上多种详细解法的答案；告知学生他们的题目和答案将会被展示。（满分10分）

（2）组长负责组织本小组每一位组员做一遍本组出的题，然后进行组内交流，保证每位成员都会做本组出的题，保证题的质量，注意组内保密。

（3）上课前一天上交老师审核，教师将根据出题质量评分，对不符合要求的题目提出修改意见。

第二步：引入课题，利用思维导图总结归纳匀变速直线运动的规律及解题方法。（6分钟）

教师播放关于匀变速直线运动的视频。学生同桌两人配对，回忆、讨论匀变速直线运动的特点和规律，两人轮流发言，尽可能多地说出这些规律，倾听者记录。

老师随机抽查学生站起来回答，学生一边回答，老师一边在黑板上画思维导图，总结出匀变速直线运动的特点和规律，突出五个基本公式：

$$a=\frac{v_t-v_0}{t} \qquad v=v_0+at \qquad s=v_0t+\frac{1}{2}at^2$$

$$v_t^2-v_0^2=2as \qquad s=\frac{v_t+v_0}{2}t$$

上面公式中涉及的5个物理量：v_0、v_t、a、t、s。请结合匀变速直线运动规律从以上的5个物理量中选取3个作为已知量，求解另外2个物理量，尽量想出多少种解法？请每小组讨论交流后画一张思维导图或结构图展现出来，要求所画的思维导图思路清晰，画面美观。（3分钟完成）

教师将随机抽查几人展示成果，但要求展示的是已知量和求解量不相同的类型的思维导图或结构图。

第三步：做题。（8 分钟）

（1）相邻的组配对，相互交换小组课前自创或改编的题目，答案由出题组保管。（第 1 组和第 2 组，第 3 组和第 4 组……第 15 组和第 16 组）

（2）小组 4 人共同解读、分析题目，找出已知的物理量和待求解的物理量。然后每人独立用多种解法解答，5 分钟内完成。

（3）小组内讨论交流，轮流讲解，尽量用多种方法解答。直到每个成员都懂得所有解法。并把本组讨论的所有解法用黑色字迹的签字笔清晰工整地写在题目下面，必要时请画图表示。（3 分钟）

第四步：评题（邻组间评分交流）。（6 分钟）

配对组轮流向对方讲解本组做的题，出题组给对方解题过程评价、打分，并说明扣分原因，写在试卷上。（第 1 组组员轮流讲解第 2 组出的题，第 2 组评价；然后第 2 组讲解第 1 组出的题，第 1 组评价，以此类推……）

评分标准：每种解法满分 2 分，能正确清晰完整地展示一种解法得 2 分，做法正确但表达不好扣 0.5 分，每被发现一处错误扣 0.5 分，若本解法的 2 分被扣完，本解法 0 分。但不影响其他解法得分。最后总得分加到小组总分上。

第五步：讲题。（10 分钟）

老师随机抽查同学上讲台展示，出题小组注意倾听，准备评价。展示结束，本小组成员可补充，然后其他小组或出题组更正、补充。老师酌情加分。

第六步：议题（班内交流、归纳总结）。（5 分钟）

组内归纳总结出用匀变速直线运动规律解决问题的基本思路或方法，记录员记录，形成简洁明了报告，准备到黑板上写下本组的合作结果。

第七步：合作学习的评价与评估。

（八）教学中注意事项

（1）出题：教师掌控每一道题，上课前两天布置任务，或者找一节课让学生专门出题，出的题课前要收来检查，确保题量和每道题的质量。

（2）做题：按时结束，不会做的同学可通过小组交流与讨论，再次学习。

（3）交流：教师监控全班，及时鼓励与提示。

（4）评价：教师鼓励、肯定与激励学生学习，反复强调评价的重要性，要诚实，评价将只作为研究。

（5）归纳：教会学生找规律，教师展示一组的归纳结果，然后展示教师做好的归纳总结（PPT）。

附：廉江市第一中学高一（15）班学生自出题

1. 列车进站前要刹车，列车刹车前的速度为 16 m/s，刹车的加速度大小是 0.8 m/s²，求：（1）刹车后 10 s 时列车的速度；（2）列车刹车整个过程的位移。

2. 一辆卡车以 36 km/h 的速度，匀速行驶在平直公路上，突然发现前面有障碍物，立即采取措施开始刹车，测得刹车痕 $s=12.5$ m，问多少秒后卡车才能停下来？加速度是多少？

3. 列车进站前要刹车，已知刹车前列车的速度为 72 km/h，刹车的加速度大小为 0.8 m/s²，求：（1）刹车 15 s 和 30 s 时，列车速度；（2）刹车 25 s 内的位移；（3）刹车 30 s 内的位移。

4. 一辆汽车以 10 m/s 的速度，从 A 地经过 600 s 后速度大小为 30 m/s，求汽车在这段过程中加速度大小和运动时间。

5. 某型号汽车以 8 m/s 的速度在平直公路上做匀减速直线运动，10 s 时速度大小是 4 m/s，求汽车在 10 s 内的加速度和 10 s 内经过的位移。

6. 一款新型赛车，从静止到最大速度 216 km/h 只需要 10 s，那么赛车从静止到最大速度的加速度和位移分别是多少？

7. 汽车匀速行驶在平直公路上，突然前面有一辆车开过来，汽车以 3 m/s² 的加速度急刹车，5 s 后停下来，求汽车匀速行驶时的速度和刹车过程中的位移。

8. 一辆汽车以 8 m/s 速度下坡，在下坡路上加速度大小为 0.4 m/s²，汽车到达坡底速度 16 m/s，求：（1）汽车通过这段下坡路所用的时间；（2）这段下坡的路的长度。

9. 小明骑自行车在一段平直公路上，从 A 路标开始，以 7.2 km/h 速度行驶 350 s，之后以大小为 0.2 m/s² 的加速度，匀加速到 B 路标，已知匀加速运动的位移是前一段位移的一半，求 A 路标到 B 路标的位移为多少？

10. 一辆汽车以 3 m/s² 的加速度在公路上做匀加速直线运动，5 s 后汽车的速度大小是 20 m/s，求：（1）这辆汽车的初速度；（2）5 s 内所经过的位移。

11. 有一长度为 400 m 的斜坡，某登山赛车从斜坡底端由静止开始做匀加速直线运动，到达斜坡顶端时速度是 20 m/s，求过程中所用的时间和加速度的大小？

12.“苹果落地”的故事里，砸到牛顿的苹果使牛顿发现了万有引力定律，那么假如一个苹果从树上静止下落到地面的时间是 4 s，加速度是 9.8 m/s²，求苹果到达地面时的速度和苹果下落的位移。

13. 从地面 500 m 高处自由落下一个小铁球，忽略空气阻力影响，$g=10$ m/s²，落地速度是多少？经历的时间是多少？

14. 一个滑雪运动员从 85 m 的山坡上匀变速下滑，初速度是 1.8 m/s，末速度是 5 m/s。求该运动员下滑过程中的加速度和通过这段山坡所用的时间。

15. 我国“辽宁号”航空母舰上装有帮助飞机起飞的弹射系统. 已知“歼-15”型战斗机在跑道上加速时产生的最大加速度为 5.0 m/s^2，起飞的最小速度是 50 m/s，弹射系统能够使飞机所具有的最大速度为 25 m/s，则：（1）飞机起飞时在跑道上至少加速多长时间才能起飞？（2）跑道至少有多长？

二十六、“个人出题—配对互考互评—总结”法

本方法使用于某知识点、某章节或整本书的复习巩固。

基本步骤：教师发放任务清单，提出出题要求→学生全面复习，独自出题→两人配对互做题，互评分，互讲解→教师总结重要知识点、题型、出题方向及同学们的互出题互做题的情况。

案例 38　学生互出互考互评必修 2 复习卷

（一）合作学习任务

互出互考互评物理必修 2 习题卷。

（二）合作原因

考试是学校教学的重要环节，老师通常是出考题者，学生是被考者，这是传统教学中公认的法则。但若通过让学生自己出题、互相考、互相评卷，让学生通过出题进行复习，既可以复习巩固基础知识，熟练掌握必修 2 的规律和公式，促使学生网络化、多角度、综合地思考问题，又可以让学生研究题目，弄清题目的关键点，摸清平时所做的题目的出题人的意图以及考查的知识点，知道如何设置已知的物理量和待求解的问题，不仅培养了学生自主学习的能力，减轻了老师的负担，而且提高了学习效率。

（三）合作目标

1. 学业目标

复习高中物理必修 2，掌握本书的主要知识及题目、出题方向等。

2. 社会技能目标

（1）通过出题进行复习，培养自主学习能力。

（2）通过合作交流养成相互帮助、取长补短、相互尊重、相互信任、相互鼓励、相互学习的习惯。

（3）学会倾听、学会提问、学会欣赏、学会解决问题等。

（四）合作方法

“个人出题—配对互考互评—总结”法。

（五）合作类型

正式的大合作。

（六）合作时间

40分钟。

（七）合作步骤

第一步：教师提前一周发放学习任务清单如下：

高一下学期学生互出互考高中物理必修2复习卷

班级： 姓名： 合作小组号： 角色选择号：

①~③项得分（由老师评分）：______第④项得分（做题者评分）：______出题总得分：______（做题者）姓名：______所属合作小组：______做题得分（由出题者判分）：

一、任务说明

（1）出题者：每一位同学根据自己对物理必修2所学知识的理解，在试卷所提供的资料的基础上出4道计算题，共得出题分50分。分配如下：

① 字迹清晰、工整，要配有相应图形，可应用以下的参考材料进行组合或自创的得10分。

② 题目逻辑性强，无条理性错误，所出题目不可太单一，必修2知识点要适当进行分配，每道题应包含两个以上的重要知识点，可得20分。

③ 不可照抄参考资料上的题目，可在原题上进行变形或自创，可得10分。

④ 另附页配详细解答过程，给做题者讲解详细的，得10分。

（2）做题者：每一题满分10分，共50分，此项由出题者根据解答过程和结果，合理判分。

（3）重要说明：若做题同学能找到出题同学的逻辑性错误的可报告给老师并可获得2~5分奖励。所出的题的①~③项由老师评分，第④项由做题者评分，请出题的同学在每一题题号上标明是原创或变形说明字样。

二、物理计算题题型组合材料

（1）对象：（说明：对于实物图，设计的同学可改变角度与长度，若能增加同类型图片，则每一图加 2 分）

表 3-26-1　对象

数目	研究对象	实物图	你的补充	数目	研究对象	实物图	你的补充
1	小球			5	细绳（无弹性）与小球	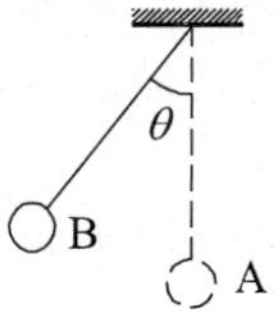	
2	相互叠加的物体	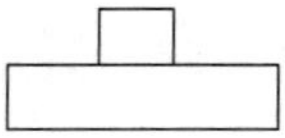		6	弹性绳与小球	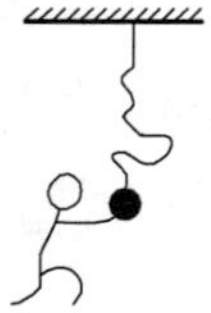	
3	传送带			7	通过细绳连接的两个连接体	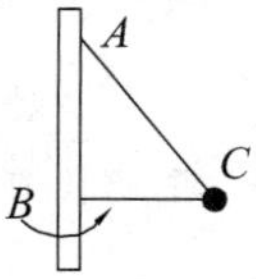	
4	弹簧与小球	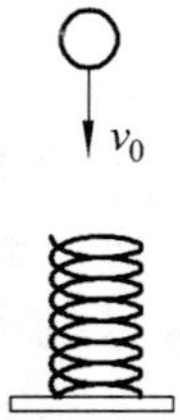		8	杆连小球	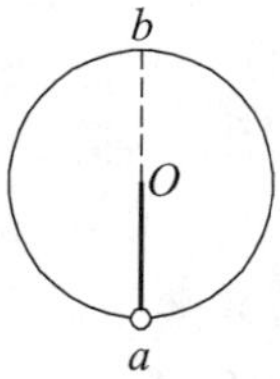	

（2）接触面类型：

表 3-26-2　接触面类型

<table>
<tr><td rowspan="5">接触面类型</td><td rowspan="2">① 水平面</td><td>光滑</td><td rowspan="2">② 斜面（倾角为　）</td><td>光滑</td></tr>
<tr><td>粗糙</td><td>粗糙</td></tr>
<tr><td colspan="3" rowspan="2">③ 圆弧面（有半圆弧、1/4 圆弧、半球体）</td><td>光滑</td></tr>
<tr><td>粗糙</td></tr>
<tr><td colspan="4">④ 光滑双轨面</td></tr>
</table>

（3）运动轨迹类型：

表 3-26-3　运动轨迹类型

直线	匀速直线	曲线	匀速圆周运动
	匀变速直线		平抛、斜抛运动
			竖直面内的圆周运动

（4）高中物理必修 2 知识点介绍：运动的合成与分解、竖直方向上的抛体运动、平抛运动、圆周运动、匀速圆周运动实例分析、万有引力定律及其应用、动能定理、机械能守恒定律、能量守恒与转化定律、功和功率等。

第二步：学生全面复习必修 2，独自出题，上课前一天交给教师评分。

第三步：课堂两人配对互做题，互评分，互讲解。

第四步：教师总结必修 2 的重要知识点、题型、出题方向及同学们的互出题互做题的情况。

（八）教学中要注意事项

（1）教师掌控每一道题，上课前一周就布置任务，课前一天收学生出的题进行评分。

（2）注意掌控学生课堂互做题、互评题的合作情况，注意控制好时间。

（3）注意鼓励学生学会找规律，总结归纳知识点、题型及解题技巧等。

二十七、“同质互助—异质帮扶配对”法①

“同质互助—异质帮扶配对”法通过同质配对互助和强帮弱的异质帮扶对考试试卷进行分析。

主要步骤：确定分组→找出不懂的题→同质两人互助→调换位置，进行异质帮扶→全班大部分同学不懂的题由老师统一讲解→教师根据合作交流情况，将出一套针对性试卷进行检测。

案例 39　分析评讲考试试卷

（一）合作学习任务

分析、掌握高一第一学期期中考试试卷的所有题目和涉及的知识点。

① 马兰，盛群力. 多彩合作课堂[M]. 福州：福建教育出版社，2013：74.

（二）合作原因

分析评讲试卷是物理学科教学中的一项重要内容，它是对某一阶段教师教学和学生学习的总结。分析讲评试卷课起着帮助学生进一步理解知识、熟练技能、查漏补缺、总结经验、拓宽思路、揭示规律、提高能力的重要作用。然而，教师往往忽略学生的个性差异，忽视学生学习的实际情况，机械地校对答案，为评讲而评讲，不做深入分析，针对性不强，不知取舍，重点难点不明确。在评讲过程中“满堂灌”，机械重复答题过程，不给学生相互讨论、找错、改错的机会，忽视了学生的认知规律，学生的主体作用没有得到充分的发挥。老师在讲评时只顾及到学生错误率较高的问题，而忽视了对错误生成原因的分析。讲解之后期待立竿见影的效果，没有给学生机会去消化、反思和总结，因而造成评讲试卷效果较差的现实。采用“同质互助-异质帮扶配对法”的合作方式，通过自己找出错题中重新思考后“懂”和“不懂”的题目，关注个性差异，由于后面的讲解都是自己不理解的题目，可提高注意力，这也是对知识进行个性化理解、自我建构并获得知识的重要过程。“同质互助”是从同一高度去分析理解题目，学生在心理上更容易接受同伴的观点；“异质帮扶”提升合作学习的效率。教师只需评讲大部分同学都不懂的题目和总结试卷，既可减轻教师负担，又能使学生学有所得。

（三）合作目标

1. 学业目标

（1）分析、理解高一第一学期期中考试试卷的所有题目。

（2）理解“运动的描述”和“匀变速直线运动的研究”这两章相关的知识点。

2. 社会技能目标

（1）学会与人交流、分享所需的资源和信息，以便更有效地处理加工这些信息。

（2）对彼此得出的结论和推理过程提出质疑，提高对所考虑的问题的决策质量和理解程度；

（3）培养学生的一些基本人际交往的技能，如倾听、报告、分享、解决冲突等，更重要的是在这个过程中乐于帮助他人（成绩比较差的同学），这是其他合作结构不多见的。

（四）合作方法

“同质互助—异质帮扶配对”法。

（五）合作类型

正式的大合作。

（六）合作时间

15 分钟。

（七）合作步骤

第一步：分组。课前课代表根据成绩优劣（1、2 列是成绩最好的，5、6 列成绩次之，3、4 列成绩最差，7、8 列成绩次之）把全班同学分组，两人一组，共 8 列，见表 3-27-1：

表 3-27-1　座位表

1	2	3	4	5	6	7	8

第二步：找出不懂的题。按指定座位坐好，各自找出错题，并从错题中找出已经理解的错题，标为“懂”，不能理解的错题标为“不懂”。（5 分钟）

表 3-28-2　错题统计一览表

错题号	已懂（画√）	不懂（画×）	问题	解答者	评价（满意打 3 分，不满意打 2 分，非常不满意打 1 分）

第三步：同质两人互助。找出双方有一方“不懂”，另一方“懂”的题合作学习，先由“不懂”方提出不懂的地方，“懂”方进行讲解，“不懂”方要学会倾听，表扬对方，“懂”方要学会鼓励对方，直到弄懂所有题为止，需要时可求助其他同学或老师，然后双方交换角色。对双方都不懂的题合作研究，可以通过查阅资料，求助班内专家，询问老师等，掌握不懂的题的解法。（15分钟）

第四步：调换位置，进行异质帮扶活动。第2列与第3列调换座位，第6列与第7列调换位置。第1、4、5、8列的同学留在原位置。改变后的同桌两人或前后四人互相讲解不懂的题与知识，直到掌握为止。若课堂时间不足，本项工作可以放在课后。（10分钟）

第五步：全班大部分同学不懂的题由老师统一讲解。

第六步：教师根据合作交流情况，将出一套针对性试卷进行检测。

（八）教学中应注意的问题

（1）在成绩好的班效果比较好，40 分钟内基本处理试卷的所有问题，有个别题目不理解的学生可以在课后找课代表讲解。

（2）如果错题较多，40 分钟内难以完成任务，可另找时间讲解不懂的题目。

参考文献

[1] 马兰. 合作学习[M]. 北京：高等教育出版社，2005.

[2] 马兰，盛群力，等. 多彩合作课堂[M]. 福州：福建教育出版社，2013.

[3] 牟尚婕，潘鸯鸯，盛群力. 聚焦卡干合作结构法：使合作学习成为课堂常态[J]. 课程教学研究，2015（3）.

[4] 伍新春，管琳. 合作学习与课堂教学[M]. 北京：人民教育出版社，2015.

[5] [美]约翰逊，史密斯. 合作性学习的原理与技巧[M]. 刘春红，孙海法，译. 北京：机械工业出版社，2004.

[6] [美]约翰逊. 合作学习[M]. 伍新春，郑秋，张洁，译. 北京：北京师范大学出版社，2004.

[7] 中华人民共和国教育部. 普通高中物理课程标准（2017年版）[M]. 北京：人民教育出版社，2018.

[8] 郭玉英，姚建欣. 基于核心素养学习进阶的科学教学设计[J]. 课程·教材·教法，2016（11）：64-69.

[9] 姜艳玲，徐彤. 学习成效金字塔理论在翻转课堂中的应用与实践[J]. 中国电化教育，2014（7）：133.

[10] 盛群力，郑淑贞. 合作学习设计[M]. 杭州：浙江教育出版社，2006.

[11] 麦建华，袁勇. 物理合作学习中核心素养的培养策略探究[J]. 课程教学研究，2018（2）：74-80.

[12] 卢建筠. 红土地上的教育探索奏鸣曲[J]. 课程教学研究，2018（5）：91-96.

[13] [德]埃尔克·德赖尔，卡特琳·哈德尔. 合作学习的99个小贴士[M]. 夏利群，译. 上海：华东师范大学出版社，2016.

[14] [新加坡]乔治·M. 雅各布斯，[新加坡]成利·A. 利奈达雅，[美]迈克尔·帕瓦. 简明生本学习策略[M]. 宁波：宁波出版社，2017.

[15] 志響物理教师工作室. 高中物理教学情境设计[M]. 上海：上海科技教育出版社，2013.

[16] [美]布鲁克 · 非尔德，[美]普瑞斯基尔. 讨论式教学法：实现民主课堂的方法与技巧[M]. 北京：中国轻工业出版社，2002.

[17] 范佳凤. 项目学习与合作学习：改革与实践[M]. 北京：中国金融出版社，2015.

[18] 温建红. 数学合作学习案例研究[M]. 北京：中国科学技术出版社，2016.

[19] [美]罗伯特 ·J. 马扎诺，詹尼弗 ·S. 诺福德. 有效的课堂教学手册[M]. 杨永华，周佳萍，译. 北京：教育科学出版社，2008.

[20] 靳玉乐. 合作学习[M]. 成都：四川教育出版社，2005.

[21] 张玉彬. 合作学习的理论与实践[M]. 北京：光明日报出版社，2017.

[22] [美]欧内斯特 · 斯特格林. 行动研究-协作型问题解决方案[M]. 郭蔚欣，译. 北京：北京师范大学出版社，2017.

[23] [美]David N. Perkins. 为未来而教为未来而学[M]. 杨彦捷，译. 杭州：浙江人民出版社，2015.

[24] 秦建云. 高中物理原理与方法-力学[M]. 北京：人民教育出版社，2017.

[25] 秦建云. 高中物理原理与方法-电磁学[M]. 北京：人民教育出版社，2014.

[26] 姜连国. 课堂合作与生成的艺术[M]. 北京：现代教育出版社，2017.

[27] [美]吉姆 · 奈特. 高效教学：框架、策略与实践[M]. 方丹，罗曼丁，译. 上海：华东师范大学出版社，2017.

[28] 郭思乐. 教育走向生本[M]. 北京：人民教育出版社，2001.

[29] 林崇德. 21 世纪学生发展核心素养研究[M]. 北京：北京师范大学出版社，2016.

[30] [美]罗伯特. 斯莱文. 合作学习与学生成绩：六种理论观点[J]. 王红宇，译. 外国教育资料，1993.1：63-67.

[31] 保罗 · R. 伯顿，戴维 · M. 伯德. 有效的教学方法[M]. 盛立群，胡平洲，闫蔚，译. 杭州：浙江教育出版社，2008.

[32] 张玉彬，刘昕昱. 中小学生如何学会合作[M]. 南京：江苏凤凰教育出版社，2018.

[33] [丹]克努兹·伊列雷斯. 我们如何学习：全视角学习理论[M]. 孙玫璐，译. 北京：教育科学出版社，2016.

[34] [加]斯科特·杨. 如何高效学习[M]. 程冕，译. 北京：机械工业出版社，2016.11

[35] 金娣，王刚. 教育评价与测量[M]. 北京：教育科学出版社. 2007.

[36] [美]GRONLUND N E，BROOKHART S M. 设计与编写教学目标[M]. 盛群力，郑淑贞，冯丽婷，译. 北京：中国轻工业出版社，2017.

[37] 人民教育出版社课程教育研究所. 普通高中课程标准实验教科书：物理（必修 1、必修 2、3-1、3-2、3-3、3-5）[M]. 北京：人民教育出版社，2014.

[38] 人民教育出版社课程教育研究所. 普通高中课程标准实验教科书：物理（必修 2）[M]. 北京：人民教育出版社，2014.

[39] BENN M，GEORGE G. EDEXCEL A LEVEL PHYSICS 1[M]. London：Hodder Education，2015.

[40] AKRILL T，GEORGE G. EDEXCEL A LEVEL PHYSICS 2[M]. London：Hodder Education，2015.

后　记

合作学习于20世纪70年代在美国兴起，目前在世界范围内最流行的合作学习就是卡甘结构法。我国于20世纪90年代初开始有所引进或实验，但只有为数不多的专家和学者接触卡甘合作学习的理论，大多数一线老师对合作学习并不完全熟悉，更不用说设计科学合理的合作学习任务。而科学合理的合作学习任务是顺利开展每一个合作活动的保证，设计好合作学习任务是整个教学成功的关键。合作学习任务的设计必须要建立在合作学习理论基础之上，要体现合作学习的基本要素，要落实教学目标，解决学生的认知问题，纠正学生的错误思维与不良学习行为。

我们从2015年12月以来开始高强度进行教学设计和实践，密集开展观课议课教研活动，深入进行反思并及时修改完善教学设计和合作学习任务设计。四年多来，我们开展过近百次教科研活动，其中大型的教科研活动五十多次。我们走进了湛江市二十多所学校，听了六十多场教育类相关的讲座，拜会了国内二十多位知名专家教授。我们几乎每周都相聚，从四面八方去不同的学校听课，除了享受课堂的精彩，也深入地交流教学心得，认真研讨，精心总结，相互碰撞，火花四射。约翰逊、卡甘结构成了我们日常的话题。我们也一直在研究摸索合作学习任务设计的最佳方案。我们的研究团队由最初的两人发展到今天的一百多人，掌握合作学习技巧并能设计合作学习教案的老师多达三十位。我们在构建一个大的教师合作研究共同体。我们有个教育梦，就是让学生的明天更灿烂。

经过四年多的认真学习和痴心探讨，我们从只研究教材、教学参考书、教学辅导资料、考题等知识性的内容，转向了研究学生的学情、学生的情绪、学生的表现和学生认知与思维等，努力设计修改适合学生的合作学习任务和对应的练习题、检测题，研究怎么更好地鼓励、评估和评价学生等。由课堂上一向只关注“自己讲得好不好”转向了“把课堂交给学生”，让学生看，让学生做，让学生说，让学生辩，让学生合作，让学生探究，使学生不断思考、提问、答疑、交流、操练、表演等。而我们自己的角色也由课堂的“主角”向“导演”转变，引导学生思考、组织学生开展合作学习、鼓励学生、合理地评估和评价小组及个人、对重要的知识进行点拨和总结等。我们坚持“讲得精彩不如教得精彩，教得精彩不如学得精彩”的理念，努力让课堂成为培养每个学生物理核心素养的主战场。

我们编写的《高中物理合作学习任务设计》一书终于要出版了，我们感到非常兴奋、喜悦和期待，希望本书能给读者带来一些参考，能够促进中学物理课堂教学的改革。

感谢广东省教育科学规划领导小组将本课题列入广东省教育科学“十三五”规划课题。感谢北京师范大学罗莹教授、浙江大学教育学院盛群力教授、人民教育出版社课程研究所彭前程主任、深圳大学张兆芹教授、广州教育出版社王际兵博士、梁熠主任南京金陵中学朱建廉老师、岭南师院王林发教授、周仕德教授、刘玲主任等的大力支持与指导。感谢湛江市教育局陈小平主任、湛江市第二中学杨耀明校长及全体师生对我们的支持和关爱。感谢一路关注和指导我们的各位专家和同行，感谢全体团队成员的大力支持与鼓励，团队主要成员陈小平、卢建筠、李小锋、谭海兰、郑映凤、周朱武、付民、肖涛、裴姗姗、钟生文、张彩云、梁桂涣、吴岱槟、朱陈琼、蔡霞、陈泽宇等参与了本书的编写与修改，感谢他们及其家属。

我们是一群基层的教育探索者，又远离中心城市，但是我们依然努力成长、艰难前行。由于本书的编者都是一线的高中物理教师，各自承担着繁重的教学任务，尽管他们都具有丰富的教学经验，但是要对作品精雕细刻却缺时乏力，所以此书难免存在诸多问题，敬请读者指正。

袁　勇　冼景连　麦建华

2019 年 7 月 28 日